KUHARSKA KNJIGA JEDI IZ BRISK

100 receptov, od dimljenih užitkov z žara do mehke pečenke v pečici

Antonija Petrović

avtorske pravice Material©2023

Vse pravice Rezervirano
št del tega _ knjiga maja biti rabljeno oz preneseno v kaj oblika oz avtor kaj pomeni brez the pravilno napisano soglasje v _ založnik in avtorske pravice lastnik, razen za kratek kotacije rabljeno v a pregled To knjiga naj ne biti upoštevati a nadomestek za medicinske, pravne, oz drugo pr of essional nasvet.

KAZALO

KAZALO...3
UVOD...7
PRSI ZAJTRK..8
1. Brisket Hash...9
2. Takosi za zajtrk s prsi in jajci.....................................11
3. Burrito za zajtrk s prsi..13
4. Enolončnica za zajtrk s prsi in krompirjem...............15
5. Ponev za zajtrk s prsi..17
6. Brisket Zajtrk Quesadilla...19
7. Skleda za zajtrk s prsi...21
8. Prsi in omleta s sirom..23
9. Zavitek za zajtrk s prsi..25
PREDJEDI BRIZKE...27
10. BBQ goveji nachos..28
11. Sweet Heat Burnt Ends..30
12. Polnjene gobe na prsih..32
13. Prsi jajčni zvitki...34
14. Brisket Quesadilla Grižljaji.......................................36
15. Jalapenos, polnjen s prsi..38
16. Prsi Crostini...40
17. S prsi polnjene krompirjeve lupine..........................42
18. Mini paprike, polnjene s prsi....................................44
SENDVIČI, BURGERJI IN ZAVITKI...........................46
19. Buritos z dimljenimi prsi iz zelenega čilija..............47
20. Angleški sendvič z mafini...49
21. Počasi dušena govedina po'boy z omako..................51
22. Drsniki za prsi..54
23. Sendvič s prsi s karamelizirano čebulo....................56
24. BBQ Brisket Burger..58
25. Reuben sendvič s prsi...60
26. Zavitek iz prsi in modrega sira.................................62
27. Brisket Philly Cheesesteak sendvič..........................64

28. Quesadillas iz prsi na žaru...............66
29. Brisket Banh Mi sendvič.................68
30. Prsni zavitek z avokadom in slanino.....70
31. Sendvič s prsi in pimentom..............72
32. Topljenje prsi in gob...................74
33. Brisket Wrap s Chipotle Mayo............76
JUHE, CURRY IN ČILI........................78
34. Čili iz divjačinskih prsi...............79
35. Juha iz govejih prsi in vampov..........82
36. Juha iz prsi in pese....................84
37. Zelenjavna juha iz prsi.................87
38. Prsi in ječmenova juha..................89
39. Brisket Curry...........................91
40. Brisket in čili iz črnega fižola........93
41. Enolončnica iz prsi in sladkega krompirja.....95
42. Tortilja juha s prsi....................97
43. Juha iz prsi in leče....................99
44. Prsi in koruzna juha...................101
45. Brizga in fižolova enolončnica.........104
46. Čili s prsi in gobami..................106
GLAVNA JED.................................108
47. Podeželski goveji prsi.................109
48. Jamaican Jerk Brisket..................112
49. Govedina in krompir....................115
50. Mesquite dimljeni prsi (zaviti)........117
51. Dušene prsi s petimi začimbami.........119
52. Rožnati goveji prsi na žaru............121
53. Svinjina Bo Kho........................123
54. Goveji prsi nad divjim rižem...........125
55. Okusni svinjski prsi...................127
56. Dušeni prsi s pivom in čilijem.........129
SUŠENI BRIZKI..............................131
57. Pivska salama..........................132
58. Klasični pastrami......................134
59. Klasični koruzni goveji prsi...........136

60. V soli sušeni prsi (Bresaola) 138
61. Suho sušeni prsi 140
DIMLJENI BRIZKI 143
62. Odvito Teksaški dimljeni prsi 144
63. Dimljeni goveji prsi na teksaški način 146
64. Prekajeni prsi s kavnim vložkom 148
65. Prekajeni prsi z gorčičnim vložkom 150
66. Dimljeni prsi z javorjevo glazuro 152
67. Reverse-Seared Tri-Tip 154
BRIZCE NA ŽARU 156
68. BBQ prsi na žaru 157
69. Brisket Teriyaki na žaru 159
70. Solata iz prsi na žaru 161
71. Nabodala na žaru 163
72. Fajitas iz prsi na žaru 165
73. Prsi na žaru z omako Chimichurri 167
POČASNI KUHALNIK / CROCKPOT BRISKET 169
74. Dimljeni goveji prsi v počasnem kuhanju 170
75. iz počasnega kuhalnika 172
76. Takosi s prsi iz počasnega kuhalnika 174
77. Prsi in omaka v počasnem kuhalniku 176
78. Slow Cooker Brisket Chili 178
79. Crockpot prsi 180
80. Prsi v počasnem kuhanju z omako iz rdečega vina 182
SOUS VIDE BRISKET 184
81. Sous Vide Corned Beef 185
82. Goveji prsi na žaru Sous Vide 187
83. Sous Vide Pulled Beef 189
84. Sous Vide prekajeni prsi 191
85. Sous Vide pečeni prsi z rdečim vinom 193
86. Sous Vide prsi v azijskem stilu 196
NIZOZEMSKA PEKAČKA 198
87. Prsi z žara v nizozemski pečici 199
88. Makaroni in goveji prsi v nizozemski pečici 202
89. Dimljeni prsi iz nizozemske pečice 204

90. Nizozemski prsi iz pečice z gobovo omako...................206
91. Čili iz nizozemske pečice..................................209
92. Enolončnica iz nizozemske pečice..........................212
93. Nizozemski prsi iz pečice in krompir......................215
ZAČIMBE..218
94. Domače kumarice..219
95. Chimichurri..221
96. Chipotle omaka...223
97. Vroča BBQ omaka..225
98. Pekoča česnova omaka.....................................227
99. Pekoča Georgia BBQ omaka.................................229
100. Dimljena vroča omaka Sriracha...........................231
ZAKLJUČEK..233

UVOD

Ta kuharska knjiga je zasnovana tako, da podžge vašo strast do kuhanja okusnih jedi iz prsi, ki bodo navdušile družino in prijatelje. Ne glede na to, ali ste izkušen kuharski mojster ali začetnik v kuhinji, boste našli zbirko receptov, ki vas bodo vodili skozi proces ustvarjanja sočnih jedi iz prsičkov polnega okusa.

V tej kuharski knjigi bomo raziskali različne kuharske tehnike in profile okusov, ki vam bodo pomagali obvladati umetnost priprave prsi. Od klasičnega žara v teksaškem slogu do inovativnih fuzijskih jedi, predstavili bomo preproste recepte, ki bodo dvignili vaše kulinarične sposobnosti in pustili vsakogar, da si za trenutek zapomni.

Torej, prižgite žar ali predhodno segrejte pečico in potopimo se v svet prsi, kjer vas čakajo dima, mehko meso in drzni okusi. Pripravite se na slastno potovanje, ob katerem bodo vaše brbončice zaplesale od veselja.

PRSI ZAJTRK

1. Brisket Hash

SESTAVINE:

- 6 trakov debelo narezane slanine
- ¼ skodelice rastlinskega olja
- 2¾ skodelice zamrznjenega hašiša, odmrznjenega
- 1 srednje velika rdeča paprika, narezana na kocke
- 1 velika rumena čebula, narezana na kocke
- 2 skodelici sesekljanih govejih prsi
- 1 čajna žlička česna v prahu
- 1 čajna žlička košer soli
- ½ čajne žličke mletega črnega popra
- ¼ skodelice sesekljane zelene čebule

NAVODILA

a) Veliko ponev postavite na srednji ogenj, nato dodajte slanino. Slanino kuhajte približno 5 minut ali dokler ne postane lepa in hrustljava. Odstranite slanino iz ponve, vendar pustite stopljeno maščobo. Slanino postavite na stran, da se ohladi.

b) Dodajte rastlinsko olje v ponev in pustite, da se segreje na zmernem ognju. Ko je olje lepo in vroče, dodajte rjave barve. Krompir kuhajte, dokler ni zlatorjav in mehak, običajno približno 7 minut.

c) Dodajte papriko in čebulo. Kuhajte 5 minut. Nato dodajte sesekljane goveje prsi in potresite česen v prahu, sol in poper. Sestavine premešajte in pustite kuhati še 7 minut.

d) Slanino, ki ste jo prej spekli, zdrobite in jo stresite v ponev skupaj z zeleno čebulo. Zmešajte sestavine in ugasnite ogenj. Postrezite in uživajte s svojimi najljubšimi prilogami za zajtrk.

2. Takosi za zajtrk s prsi in jajci

SESTAVINE:
- 1 skodelica kuhanih prsi, nastrganih
- 4 velika jajca
- 4 majhne tortilje iz moke
- 1/2 skodelice naribanega cheddar sira
- Salsa in kisla smetana za preliv
- Sol in poper po okusu
- Sesekljan cilantro za okras

NAVODILA:
a) Prsi segrevajte v ponvi na zmernem ognju, dokler se ne segrejejo.
b) V ločeni ponvi stepemo jajca, dokler niso popolnoma kuhana, začinimo s soljo in poprom.
c) Tortilje iz moke segrejte v suhi ponvi ali mikrovalovni pečici.
d) V tortilje položite prsi in umešana jajca.
e) Po vrhu potresemo z naribanim sirom, salso, kislo smetano in sesekljanim koriandrom.
f) Tortilje zložimo in postrežemo tople.

3. Burrito za zajtrk s prsi

SESTAVINE:
1 skodelica kuhanih prsi, narezanih
4 velika jajca
4 velike tortilje iz moke
1/2 skodelice naribanega sira Monterey Jack
1/4 skodelice narezanega paradižnika
1/4 skodelice narezane čebule
1/4 skodelice sesekljanega svežega cilantra
Sol in poper po okusu

NAVODILA:
V ponvi segrejte prsi na zmernem ognju, dokler se ne segrejejo.
V ločeni ponvi stepemo jajca, dokler niso popolnoma kuhana, začinimo s soljo in poprom.
Tortilje iz moke segrejte v suhi ponvi ali mikrovalovni pečici.
V tortilje položite prsi, umešana jajca, nariban sir, paradižnik, čebulo in koriander.
Zložite tortilje in jih zavihajte ob straneh, da oblikujete burrito.
Postrežemo toplo.

4. Enolončnica za zajtrk s prsi in krompirjem

SESTAVINE:
2 skodelici kuhanih prsi, sesekljanih
4 skodelice zmrznjenega naribanega hašiša
1 skodelica naribanega cheddar sira
1/2 skodelice narezane čebule
1/2 skodelice na kocke narezane paprike
6 velikih jajc
1 skodelica mleka
1 čajna žlička posušenega timijana
Sol in poper po okusu

NAVODILA:
Pečico segrejte na 375°F (190°C) in namastite pekač.
V veliki skledi zmešajte narezano pecivo, narezane prsi, nariban sir, na kocke narezano čebulo in na kocke narezano papriko.
V ločeni skledi zmešajte jajca, mleko, posušen timijan, sol in poper.
Mešanico jajc prelijemo čez mešanico prsi in krompirja ter nežno premešamo, da se združita.
Zmes preložimo v pomaščen pekač in jo enakomerno razporedimo.
Pečemo 35-40 minut ali dokler vrh ni zlato rjav in se enolončnica strdi.
Pustite, da se enolončnica nekoliko ohladi, preden jo postrežete.

5.Ponev za zajtrk s prsi

SESTAVINE:
2 skodelici kuhanih prsi, narezanih
4 velika jajca
1 paprika, narezana na kocke
1/2 čebule, narezane na kocke
2 stroka česna, nasekljana
1 žlica olja
Sol in poper po okusu
Svež cilantro za okras

NAVODILA:
V ponvi na srednjem ognju segrejte olje.Dodajte čebulo, papriko in česen.Puhajte dokler se ne zmehča.
V ponev dodajte narezane prsi in kuhajte, dokler se ne segrejejo.
V ponvi naredite štiri vdolbinice in v vsako vdolbinico razbijte jajce.
Ponev pokrijte in kuhajte, dokler jajca niso kuhana do želene stopnje pečenja.
Začinimo s soljo in poprom.
Okrasite s svežim cilantrom in postrezite vroče.

6.Brisket Zajtrk Quesadilla

SESTAVINE:
- 1 skodelica kuhanih prsi, narezanih
- 2 veliki tortilji iz moke
- 1/2 skodelice naribanega sira Monterey Jack
- 1/4 skodelice narezanega paradižnika
- 2 žlici sesekljanega svežega cilantra
- Sol in poper po okusu
- Kisla smetana in salsa za pomakanje (neobvezno)

NAVODILA:
a) Na srednjem ognju segrejte veliko ponev.
b) V ponev položite eno tortiljo in po vrhu enakomerno potresite polovico naribanega sira.
c) Na polovico tortilje položite narezane prsi, na kocke narezan paradižnik in sesekljan koriander.
d) Začinimo s soljo in poprom.
e) Tortiljo prepognemo na pol in jo nežno pritisnemo z lopatko.
f) Pecite 2-3 minute na vsaki strani, dokler se sir ne stopi in tortilja zlato rjavo zapeče.
g) Odstranite iz ponve in ponovite s preostalo tortiljo in sestavinami.
h) Vsako quesadillo narežite na rezine in po želji postrezite s kislo smetano in salso.

7. Skleda za zajtrk s prsi

SESTAVINE:
2 skodelici kuhanih prsi, sesekljanih
4 skodelice kuhane kvinoje ali riža
4 velika jajca
1 avokado, narezan
1/4 skodelice narezane rdeče čebule
1/4 skodelice sesekljanega svežega cilantra
Pekoča omaka za preliv (po želji)
Sol in poper po okusu

NAVODILA:
Sesekljane prsi segrevajte v ponvi na zmernem ognju, dokler se ne segrejejo.
V ločeni ponvi prepražite jajca do želene stopnje pečenja, jih začinite s soljo in poprom.
Kuhano kvinojo ali riž razdelimo v štiri sklede.
Na vrh vsake sklede položite segrete prsi, ocvrta jajca, rezine avokada, na kocke narezano rdečo čebulo in sesekljan koriander.
Po želji prelijemo s pekočo omako.
Postrežemo toplo.

3.Prsi in omleta s sirom

SESTAVINE:
1 skodelica kuhanih prsi, sesekljanih
4 velika jajca
1/4 skodelice mleka
1/2 skodelice naribanega cheddar sira
2 žlici sesekljanega svežega drobnjaka
Sol in poper po okusu
Maslo ali olje za ponev

NAVODILA:
V skledi zmešajte jajca, mleko, narezane prsi, nastrgan sir, nasekljan drobnjak, sol in poper.
Na zmernem ognju segrejte ponev s premazom proti prijemanju in v ponev dodajte maslo ali olje.
Jajčno mešanico vlijemo v ponev in kuhamo, dokler se robovi ne začnejo strjevati.
Z lopatko nežno dvignite robove omlete, da nekatera jajca stečejo na dno ponve.
Kuhajte, dokler se omleta skoraj ne strdi, a na vrhu še vedno rahlo tekoča.
Omleto prepognite in nadaljujte s kuhanjem še eno minuto oziroma dokler se sir ne stopi in jajca niso popolnoma kuhana.
Omleto preložimo na krožnik in vročo postrežemo.

9. Zavitek za zajtrk s prsi

SESTAVINE:

1 skodelica kuhanih prsi, narezanih
2 veliki tortilji iz moke
2 veliki jajci
1/2 skodelice narezane zelene solate
1/4 skodelice narezanega paradižnika
2 žlici majoneze
Sol in poper po okusu

NAVODILA:

Narezane prsi segrevajte v ponvi na zmernem ognju, dokler se ne segrejejo.
V ločeni ponvi prepražite jajca do želene stopnje pečenja, jih začinite s soljo in poprom.
Tortilje iz moke segrejte v suhi ponvi ali mikrovalovni pečici.
Vsako tortiljo enakomerno namažite z majonezo.
Na polovico vsake tortilje položimo segrete prsi, ocvrta jajca, narezano solato in na kocke narezan paradižnik.
Začinimo s soljo in poprom.
Zložite tortilje, zavihajte stranice, da oblikujete zavitek.
Postrežemo toplo.

PREDJEDI BRIZKE

10. BBQ goveji nachos

SESTAVINE:
- 1 lb narezanih kuhanih govejih prsi ali pečenke
- 1/2 skodelice BBQ omake
- 1 vrečka tortiljinega čipsa
- 1 skodelica naribanega cheddar sira
- 1 skodelica naribanega sira Monterey Jack
- 1/4 skodelice narezane rdeče čebule
- 1/4 skodelice sesekljanega svežega cilantra
- Kisla smetana za serviranje

NAVODILA
a) Pečico segrejte na 375°F.
b) V skledi zmešamo naribano govedino z BBQ omako.
c) Na pekač razporedite tortiljine čipse v eni plasti.
d) Po čipsu potresemo nastrgane sire, nato pa prelijemo z mešanico govejega mesa za žar.
e) Pečemo 10-15 minut ali dokler se sir ne stopi in postane mehurček.
f) Potresemo z na kocke narezano rdečo čebulo in sesekljanim koriandrom. Postrežemo s kislo smetano.

11. Sweet Heat Burnt Ends

SESTAVINE:

- 1 (6-funtna) konica prsi
- 2 žlici rumene gorčice
- 1 serija sladkega rjavega sladkorja
- 2 žlici medu
- 1 skodelica omake za žar
- 2 žlici svetlo rjavega sladkorja

NAVODILA:

Konico po celem premažemo z gorčico in začinimo z naribanim naribom, ki ga z rokami vtremo v meso.
Konico postavite neposredno na rešetko žara in dimite, dokler njena notranja temperatura dima ne doseže 165 °F.
Prsi povlecite z žara in jih v celoti zavijte v aluminijasto folijo ali mesarski papir.
Odstranite konico z žara, jo odvijte in narežite meso na 1-palčne kocke. Kocke položite v aluminijasto ponev in vmešajte med, omako za žar in rjavi sladkor.
Pekač postavimo v žar in goveje kocke dimimo še 1 uro nepokrite, zažgane konice odstranimo z žara in takoj postrežemo.

12. Polnjene gobe na prsih

SESTAVINE:
1 skodelica kuhanih prsi, drobno sesekljanih
20 velikih gob
1/2 skodelice drobtin
1/4 skodelice naribanega parmezana
2 žlici sesekljanega svežega peteršilja
2 žlici olivnega olja
Sol in poper po okusu

NAVODILA:
Pečico segrejte na 375 °F (190 °C).
Gobam odstranimo peclje in jih odstavimo.
V skledi zmešajte sesekljane prsi, drobtine, parmezan, sesekljan peteršilj, olivno olje, sol in poper.
Vsak gobji klobuk nadevajte z mešanico za prsi.
Nadevane gobe zložimo na pekač.
Pečemo v predhodno ogreti pečici približno 15-20 minut oziroma dokler se gobe ne zmehčajo in se nadev segreje.
Odstranite iz pečice in pustite, da se nekoliko ohladi, preden postrežete.

13.Prsi jajčni zvitki

SESTAVINE:

1 skodelica kuhanih prsi, nastrganih
Ovitki za jajčne zvitke
1/2 skodelice narezanega zelja
1/4 skodelice naribanega korenja
2 zeleni čebuli, narezani na tanke rezine
Sojina omaka za namakanje

NAVODILA:

V skledi zmešajte narezane prsi, narezano zelje, narezano korenje in narezano zeleno čebulo.
Zavitek jajčnega zvitka položite na čisto površino.
Na en vogal zavitka položite žlico mešanice za prsi.
Vogal z nadevom tesno zavijte, ob straneh pa ga sproti zavihajte.
Robove ovoja navlažite z vodo, da se tesnijo.
Ponovite s preostalimi ovitki in nadevom.
V globoki ponvi ali cvrtniku segrejte olje na 350 °F (175 °C).
Jajčne zvitke previdno položimo na segreto olje in jih cvremo do zlato rjave in hrustljave barve, približno 2-3 minute na stran.
Odstranite iz olja in odcedite na krožnik, obložen s papirnato brisačo.
Postrezite vroče s sojino omako za pomakanje.

14.Brisket Quesadilla Grižljaji

SESTAVINE:
- 1 skodelica kuhanih prsi, sesekljanih
- Mini tortilje iz moke
- Nariban sir (cheddar, Monterey Jack ali mešanica)
- Salsa in kisla smetana za pomakanje

NAVODILA:
a) Ponev segrejte na srednjem ognju.
b) V ponev položite mini tortiljo in po vrhu enakomerno potresite nariban sir.
c) Na polovico tortilje dodamo žlico sesekljanih prsi.
d) Tortiljo prepognemo na pol in z lopatko nežno pritisnemo.
e) Pecite 2-3 minute na vsaki strani, dokler se sir ne stopi in tortilja zlato rjavo zapeče.
f) Odstranite iz ponve in pustite, da se nekoliko ohladi.
g) Ponovite s preostalimi tortiljami in sestavinami.
h) Vsako quesadillo narežite na trikotnike velikosti grižljaja.
i) Postrezite s salso in kislo smetano za pomakanje.

15. Jalapenos, polnjen s prsi

SESTAVINE:
- 12 jalapeno paprik
- 1 skodelica kuhanih prsi, drobno sesekljanih
- 1/2 skodelice kremnega sira, zmehčanega
- 1/4 skodelice naribanega cheddar sira
- 1/4 čajne žličke česna v prahu
- 1/4 čajne žličke čebule v prahu
- Sol in poper po okusu
- Rezine slanine (neobvezno)

NAVODILA:
a) Pečico segrejte na 400°F (200°C).
b) Jalapeno po dolžini prerežite na pol in odstranite semena in lupine.
c) V skledi zmešajte sesekljane prsi, kremni sir, nariban sir cheddar, česen v prahu, čebulo v prahu, sol in poper.
d) Z žlico nanesite mešanico prsi v vsako polovico jalapena in jih enakomerno napolnite.
e) Po želji vsako nadevano polovico jalapena ovijemo z rezino slanine in pritrdimo z zobotrebcem.
f) Nadevane jalapeno položite na pekač.
g) Pecite v predhodno ogreti pečici približno 15-20 minut oziroma dokler se jalapeni ne zmehčajo in sir stopi in postane mehurček.
h) Odstranite iz pečice in pustite, da se nekoliko ohladi, preden postrežete.

16. Prsi Crostini

SESTAVINE:

Bagueta, narezana na tanke kolobarje
1 skodelica kuhanih prsi, narezana na tanke rezine
1/2 skodelice karamelizirane čebule
1/4 skodelice zdrobljenega modrega sira
Listi svežega timijana za okras

NAVODILA:

Pečico segrejte na 375 °F (190 °C).
Rezine bagete razporedite po pekaču.
Rezine bagete pražite v predhodno ogreti pečici približno 5-7 minut oziroma dokler niso hrustljave in rahlo porjavele.
Odstranite iz pečice in pustite, da se nekoliko ohladi.
Vsako rezino bagete obložite z nekaj rezinami prsnega koša, žlico karamelizirane čebule in potresite z nadrobljenim modrim sirom.
Krostine z vrhom vrnite v pečico še za 5 minut ali dokler se sir ne stopi.
Odstranite iz pečice in pustite, da se nekoliko ohladi, preden postrežete.
Okrasite s svežimi listi timijana.

17. S prsi polnjene krompirjeve lupine

SESTAVINE:

4 veliki rdečerjavi krompirji
1 skodelica kuhanih prsi, nastrganih
1/2 skodelice naribanega cheddar sira
1/4 skodelice kisle smetane
2 zeleni čebuli, narezani na tanke rezine
Sol in poper po okusu

NAVODILA:

Pečico segrejte na 400°F (200°C).
Krompir očistimo in na več mestih prebodemo z vilicami.
Krompir položimo na pekač in pečemo v ogreti pečici približno 50-60 minut oziroma toliko časa, da se zmehča, ko ga prebodemo z vilicami.
Krompir vzamemo iz pečice in pustimo, da se nekoliko ohladi.
Vsak krompir po dolžini prerežite na pol in izdolbite meso, tako da ostane tanka plast pritrjena na kožo.
V skledi zmešamo narezane prsi, nadrobljen čedar sir, kislo smetano, narezano zeleno čebulo, sol in poper.
Mešanico za prsi enakomerno nanesite na krompirjeve lupine.
Napolnjene krompirjeve lupine vrnite v pečico in pecite še 15-20 minut oziroma dokler se sir ne stopi in postane mehurček.
Odstranite iz pečice in pustite, da se nekoliko ohladi, preden postrežete.

18.Mini paprike, polnjene s prsi

SESTAVINE:

12 mini paprik
1 skodelica kuhanih prsi, drobno sesekljanih
1/2 skodelice kremnega sira, zmehčanega
1/4 skodelice naribanega poprovega sira
1/4 čajne žličke čilija v prahu
1/4 čajne žličke kumine
Sol in poper po okusu
Svež cilantro za okras

NAVODILA:

Pečico segrejte na 375 °F (190 °C).
Mini papriko po dolžini prerežite na pol in ji odstranite semena in ovojnice.
V skledi zmešajte sesekljane prsi, kremni sir, nastrgan sir s papriko, čili v prahu, kumino, sol in poper.
Z žlico nanesite mešanico prsi na vsako polovico mini paprike in jih enakomerno napolnite.
Nadevane mini paprike položimo na pekač.
Pečemo v ogreti pečici približno 12-15 minut oziroma toliko časa, da se paprika zmehča in nadev segreje.
Odstranite iz pečice in pustite, da se nekoliko ohladi, preden postrežete.
Okrasite s svežim cilantrom.

SENDVIČI, BURGERJI IN ZAVITKI

9. Buritos z dimljenimi prsi iz zelenega čilija

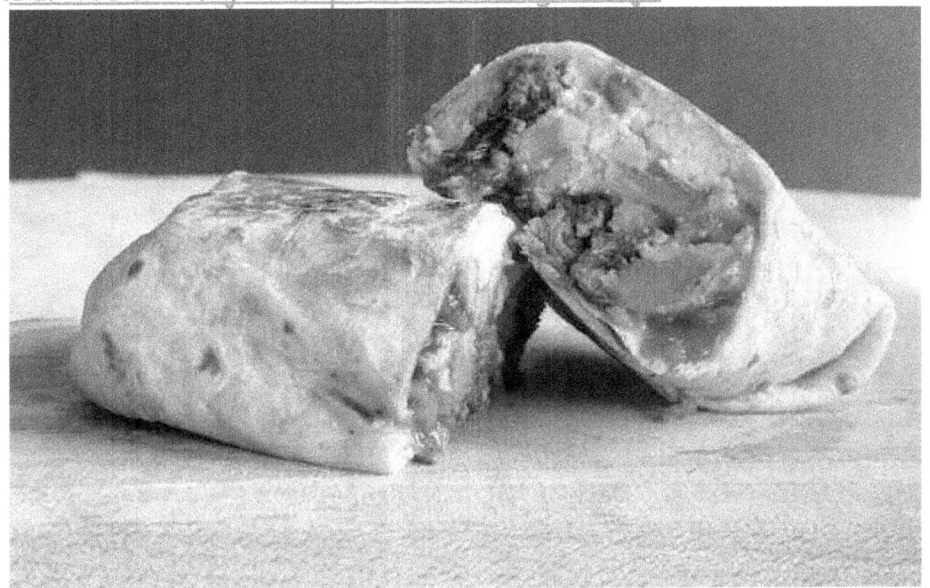

SESTAVINE:

- 10 unč zelenega čilija, narezanega na kocke
- 1 pint omake Kentucky Fried Chicken
- 1 velika paprika; sesekljana
- 1 velika čebula; sesekljana
- 1 skodelica dobre salse
- 1½ funta prekajenih govejih prsi; narezane
- 1 žlica česna v prahu;
- Sol po okusu
- 16 velikih tortilj iz moke
- 1 funt sira Monterey Jack; nastrgan

NAVODILA:

a) V veliki ponvi ali v nizozemski pečici prepražite papriko, čebulo in zeleni čili s česnom v prahu na približno 3 žlicah olja.

b) Ko sta čebula in paprika mehki, dodajte prsi, salso in omako.

c) Kuhajte na majhnem ognju 30 minut, občasno premešajte.

d) Mesno mešanico in sir z žlico naložimo na tortiljo iz moke in zavijemo.

0. Angleški sendvič z mafini

SESTAVINE:
1 skodelica kuhanih prsi, narezanih
2 veliki jajci
2 angleška mafina, razrezana in popečena
4 rezine cheddar sira
Sol in poper po okusu
Kečap ali vroča omaka (neobvezno)

NAVODILA:
Prsi segrevajte v ponvi na zmernem ognju, dokler se ne segrejejo.
V ločeni ponvi prepražite jajca do želene stopnje pečenja, jih začinite s soljo in poprom.
Na popečene angleške mafine položite rezine cheddar sira.
Na sir zložimo prsi in ocvrta jajca.
Po želji prelijemo s kečapom ali pekočo omako.
Na vrh položite preostalo polovico angleških muffinov, da dokončate sendvič.
Postrežemo toplo.

1.Počasi dušena govedina po'boy z omako

SESTAVINE:

- 1,4 kg govejih prsi
- 4 stroki česna, narezani
- 2 žlici rastlinskega olja
- 1 velika čebula, drobno narezana
- 2 korenčka, na drobno narezana
- 500 ml goveje juhe
- 250 ml rdečega vina
- 2-3 vejice timijana
- 1 žlica koruzne moke
- Sol in sveže mlet črni poper

SLUŽITI

- 2 veliki bageti, vsako narezano na 3-4 kose Little Gem zelena solata, ločena na liste 3 veliki paradižniki, narezani
- 3-4 kumarice, narezane po dolžini
- 2-3 žlice majoneze

NAVODILA:

a) Pečico segrejte na 140 °C/120 °C Ventilator/Plinska oznaka 1. Vzemite majhen, oster nož in prebodite globoke zareze po vsej govedini.

b) Rezine česna dobro zabodite v zareze in se prepričajte, da so popolnoma skrite v mesu, da ne bodo padle ven in se zažgale, ko boste govedino pražili.

c) Vse izdatno začinite s soljo in poprom.

d) Dodajte polovico olja v globoko ognjevarno posodo - idealna je težka posoda iz litega železa - in postavite na močan ogenj. Ko se olje kadi, dodajte goveje meso in vse skupaj dobro zapecite - globoka karamelizacija veliko prispeva k izrazu. okusa, zato vanj vnesite malo barve.

e) Odstavimo na krožnik, ogenj zmanjšamo na nizko in v enolončnico dodamo preostalo olje, nato čebulo in korenček ter nekaj minut mešamo, da se malo zmehčata.V ponev vrnemo govedino skupaj s sokovi, nato zalijemo z govejo osnovo in rdečim vinom ter vtaknemo timijan.

f) Pustite vreti, nato pokrijte s tesno prilegajočo pokrovko in potisnite v pečico.

g) Pustite, da se zelo počasi kuha približno 6-8 ur, pri čemer meso obrnite vsakih nekaj ur, če lahko zagotovite enakomerno kuhanje, dokler ni zares mehko.Ali je pripravljeno, lahko preverite tako, da meso poskusite razdreti z vilicami – to se mora zlahka podati; če ne, kuhajte še malo dlje.

h) Pečico ugasnemo Meso dvignemo iz pekača in postavimo na krožnik v pečici, da ostane toplo 2 žlici omake za kuhanje damo v vročo odporen kozarec in postavimo na stran, da se ohladi Pekač postavimo na kuhalno ploščo nad na močnem ognju in kuhajte približno 10 minut, dokler se omaka ne zmanjša za polovico.

i) V ohlajene odložene sokove vmešamo koruzno moko, dokler ne dobimo gladke paste.Vlijemo v posodo in mešamo, dokler se omaka ne zgosti.Ogenj ugasnemo.

j) Govedino vzamemo iz pečice in narežemo na debele rezine, ki jih sproti polagamo v omako in premešamo, da se prekrijejo.

k) Za serviranje vsak kos kruha prerežite po sredini in odprite, zgornji in spodnji del pa pustite spojena.V vsako dodajte nekaj rezin govedine in malo omake.

l) Po vrhu obložimo z rezinami zelene solate, paradižnika in kumaric ter pokrijemo z malo majoneze in takoj postrežemo.

22. Drsniki za prsi

SESTAVINE:
1 skodelica kuhanih prsi, nastrganih
Mini žemljice
BBQ omaka
Kumarice ali zeljna solata za preliv (po želji)

NAVODILA:
Segrejte narezane prsi v ponvi na zmernem ognju, dokler se ne segrejejo.
Razrežite žemljice in jih rahlo popecite.
Na spodnjo polovico vsake žemljice položite žlico segretih prsi.
Prsi pokapajte z BBQ omako.
Po želji prelijemo s kumaricami ali zeljno solato.
Na vrh položite zgornjo polovico drsnika.
Po potrebi pritrdite z zobotrebcem.
Postrežemo toplo.

23. Sendvič s prsi s karamelizirano čebulo

SESTAVINE:
1 skodelica kuhanih prsi, narezanih
Ciabatta ali vaš najljubši kruh
Karamelizirana čebula (narezana čebula, kuhana na maslu do zlato rjave barve)
Dijonska gorčica
Rukola ali vaša najljubša zelenjava

NAVODILA:
Eno stran rezin kruha namažite z dijonsko gorčico.
Nanj naložimo narezane prsi, karamelizirano čebulo in rukolo.
Na vrh položite drugo rezino kruha.
Sendvič po želji prerežemo na pol in postrežemo.

24. BBQ Brisket Burger

SESTAVINE:

1/2 funta mlete govedine
1/2 skodelice kuhanih prsi, sesekljanih
2 žlici BBQ omake
Žemlje za hamburger
Rezine sira (neobvezno)
Solata, paradižnik, čebula, kisle kumarice (po želji dodatki)

NAVODILA:

V skledi zmešajte mleto govedino, sesekljane prsi in BBQ omako, da se dobro povežejo.
Zmes oblikujte v polpete.
Burgerje pecite na srednje močnem ognju približno 4-5 minut na vsako stran ali dokler niso pečeni do želene stopnje pečenosti.
Če uporabljate sir, zadnjo minuto pečenja na žar položite rezino na vsak burger, da se stopi.
Po želji pecite hamburgerje na žaru.
Sestavite burgerje z vašimi najljubšimi prelivi.
Burgerje na žaru postrezite vroče.

25. Reuben sendvič s prsi

SESTAVINE:

1 skodelica kuhanih prsi, narezana na tanke rezine
rženi kruh
švicarski sir
Kislo zelje, odcejeno
Preliv tisočerih otokov
maslo

NAVODILA:

Na srednjem ognju segrejte ponev.
Vsako rezino rženega kruha namažite s prelivom Thousand Island.
Na eno rezino kruha naložimo narezane prsi, švicarski sir in kislo zelje.
Na vrh položite drugo rezino kruha, s prelivom navzdol.
Zunanjost vsake rezine kruha namažite z maslom.
Sendvič položite v ponev in kuhajte, dokler se kruh ne popeče in se sir stopi, približno 3-4 minute na stran.
Odstranite iz ponve, po želji narežite in postrezite vroče.

26. Zavitek iz prsi in modrega sira

SESTAVINE:
1 skodelica kuhanih prsi, narezanih
Tortilje iz moke
Modri sir se zdrobi
Narezana rdeča čebula
Baby špinača ali mešana zelenjava
Balzamična glazura ali preliv

NAVODILA:
Tortiljo iz moke položite na čisto površino.
Na sredino tortilje položite narezane prsi, drobtine modrega sira, narezano rdečo čebulo in mlado špinačo ali mešano zelenjavo.
Prelijemo z balzamično glazuro ali prelivom.
Tortiljo prepognite ob straneh in jo tesno zvijte.
Zavitek po želji prerežemo na pol in postrežemo.

27.Brisket Philly Cheesesteak sendvič

SESTAVINE:
1 skodelica kuhanih prsi, narezana na tanke rezine
Hoagie zvitki ali podzvitki
Narezana paprika
Narezana čebula
Provolone sir
Sol in poper po okusu
Majoneza ali gorčica (neobvezno)

NAVODILA:
Na srednjem ognju segrejte ponev.
V ponev dodamo narezano papriko in čebulo ter kuhamo, dokler se ne zmehčata.
Zelenjavo potisnemo na eno stran ponve in dodamo narezane prsi na drugo stran.
Začinite s soljo in poprom ter kuhajte, dokler se prsi ne segrejejo.
Na prsi in zelenjavo položite nekaj rezin sira provolone.
Ponev pokrijemo in pustimo, da se sir stopi.
Hoagie zvitke ali podzvitke razrežite in po želji eno stran namažite z majonezo ali gorčico.
Na zvitke naložimo prsi, zelenjavo in topljeni sir.
Sendviče s prsi Philly cheesesteak postrezite vroče.

28. Quesadillas iz prsi na žaru

SESTAVINE:
4-5 kilogramov govejih prsi, narezanih na tanke trakove
Sol in poper po okusu
Tortilje iz moke
Nariban sir (na primer cheddar ali Monterey Jack)
Narezan jalapenos (neobvezno)
Guacamole, salsa, kisla smetana za serviranje

NAVODILA:
Predgrejte žar na srednjo temperaturo.
Trakove prsi začinite s soljo in poprom.
Začinjene trakove prsi položimo na rešetko in zapremo pokrov.
Pecite na žaru približno 8-10 minut, pri čemer prsi občasno obrnite ali dokler niso pečene do želene stopnje pečenosti.
Prsi odstranite z žara in pustite nekaj minut počivati.
Na eno polovico tortilje iz moke položite nekaj naribanega sira, trakove prsnega koša na žaru, narezane jalapeno (če jih uporabljate) in več nastrganega sira.
Tortiljo prepognite na pol, da ustvarite quesadillo.
Postopek ponovimo s preostalimi tortiljami in nadevom.
Quesadille položite na žar in pecite približno 2-3 minute na vsaki strani oziroma dokler se tortilje ne popečejo in se sir stopi.
Quesadille odstranite z žara in pustite, da se nekoliko ohladijo.
Quesadille narežite na rezine in postrezite z guacamolejem, salso in kislo smetano.

29. Brisket Banh Mi sendvič

SESTAVINE:

1 skodelica kuhanih prsi, narezana na tanke rezine
Bagueta ali francoski kruh
Vloženo korenje in redkev daikon
Svež cilantro
Narezane kumare
Jalapeno rezine (neobvezno)
Sriracha ali majoneza (neobvezno)

NAVODILA:

Bageto ali francoski kruh narežite po dolžini.
Po želji eno ali obe strani kruha namažite s sriračo ali majonezo.
Na eno stran kruha položite narezane prsi, vloženo korenje in redkvico daikon, svež cilantro, narezane kumare in rezine jalapena.
Sendvič zaprite z drugo stranjo kruha.
Po želji sendvič banh mi narežite na posamezne porcije in postrezite.

30. Prsni zavitek z avokadom in slanino

SESTAVINE:
1 skodelica kuhanih prsi, narezanih
Tortilje iz moke
Narezan avokado
Rezine kuhane slanine
Narezana solata
Rezine paradižnika
Ranch preliv

NAVODILA:
Tortiljo iz moke položite na čisto površino.
Na sredino tortilje položite narezane prsi, narezan avokado, rezine kuhane slanine, narezano solato in rezine paradižnika.
Prelijemo z ranch prelivom.
Tortiljo prepognemo ob straneh in jo tesno zvijemo.
Zavitek po želji prerežemo na pol in postrežemo.

31. Sendvič s prsi in pimentom

SESTAVINE:
1 skodelica kuhanih prsi, narezanih
Kruh iz kislega testa ali kruh po vaši želji
Pimentov sirni namaz
Rukola ali vaša najljubša zelenjava

NAVODILA:
Vsako rezino kruha namažite s plastjo pimentovega sirnega namaza.
Na piment sir po plasteh naložimo narezane prsi in rukolo.
Na vrh položite drugo rezino kruha.
Sendvič po želji prerežemo na pol in postrežemo.

32. Topljenje prsi in gob

SESTAVINE:
1 skodelica kuhanih prsi, narezanih
Ciabatta ali vaš najljubši kruh
Narezane gobe
Narezana čebula
švicarski sir
maslo

NAVODILA:
Na srednjem ognju segrejte ponev.
V ponev dodamo maslo in pražimo narezane gobe in čebulo, dokler se ne zmehčajo in karamelizirajo.
Odstranite gobe in čebulo iz ponve in jih postavite na stran.
V isti ponvi segrejte narezane prsi, dokler se ne segrejejo.
Kruh ciabatta ali kruh, ki vam je ljubši, razrežite in rahlo popecite.
Vsako rezino kruha namažite z maslom na eni strani.
Na eno stran kruha naložimo segrete prsi, popražene gobe in čebulo ter švicarski sir.
Na vrh položite drugo rezino kruha, z maslom namazano stran navzven.
Sendvič položite v ponev in kuhajte, dokler se kruh ne popeče in se sir stopi, približno 3-4 minute na stran.
Odstranite iz ponve, po želji narežite in postrezite vroče.

33. Brisket Wrap s Chipotle Mayo

SESTAVINE:

1 skodelica kuhanih prsi, narezanih
Tortilje iz moke
Chipotle mayo (zmešajte majonezo z adobo omako iz pločevinke chipotle paprike)
Narezan avokado
Na tanko narezana rdeča čebula
Mešano zelenje

NAVODILA:

Tortiljo iz moke položite na čisto površino.
Na eno stran tortilje namažite majonezo.
Na sredino tortilje položite narezane prsi, narezan avokado, na tanke rezine narezano rdečo čebulo in mešano zeleno.
Tortiljo prepognite ob straneh in jo tesno zvijte.
Zavitek po želji prerežemo na pol in postrežemo.

JUHE, CURRY IN ČILI

4. Čili iz divjačinskih prsi

SESTAVINE:
- ½ lb pinto ali rdečega fižola
- 4 lbs grobo sesekljane divjačine
- 1½ t semen kumine
- ½ c sesekljane loje ali sowbelly narezanega na trakove julienne
- 6 velikih čebul, sesekljanih
- 2-4 stroka česna, mleta
- 1 t origana
- 3 T. svežega čilija v prahu
- 1 velika konzerva italijanskih pelatov
- 1 majhna konzerva zelenega čilija
- Sol in poper
- Krpica omake Tabasco (neobvezno)
- 2 T.instant masa harina ali polenta

NAVODILA:

a) Fižol operemo, prelijemo s svežo hladno vodo, zavremo in pustimo vreti 2 minuti; tesno pokrito pustimo stati 1 uro. Pripravimo meso (kosi za dušenje so najboljši, če so brez maščobe), tako da ga narežemo na 1-palčne kocke.

b) Semena kumine dajte v ponev na srednje močnem ognju in jih pustite premikati, dokler se ne pokadi in postanejo toasto obarvana; nato jih razporedite po ravni površini in zdrobite z valjarjem. Zdaj v veliki ponvi stopite loj ali sowbelly; lahko ga nadomestite dovolj rastlinskega olja ali druge masti, da prekrijete dno ponve, vendar boste izgubili okus mesa.

c) Takoj ko se maščoba stopi ali začne cvrčati, dodajte nekaj kosov mesa naenkrat in pražite ter obračajte kocke, da zaprete vse strani.

d) Zmanjšajte ogenj in dodajte čebulo in česen, občasno mešajte, dokler čebula ne postekleni. Dodajte pražena kumina, origano in najbolj svež čili v prahu, ki ga lahko dobite; premešajte, da se meso prekrije z začimbami, dodajte paradižnik in zelene čilije ter segrejte do vrelišča. nato zmanjšajte toploto, da zavre.

e) Namočeni fižol ponovno zavrite in pustite, da skoraj neopazno brbota, dokler se ne zmehča – 30 minut do ene ure, odvisno od fižola.

f) Medtem opazujte mesno mešanico, da se prepričate, da ni preveč suha, dodajte vodo ali osnovo, če je potrebno, da ohranite precej tekočo konsistenco.Okusite za začimbe, dodajte sol in poper, če je potrebno, in kanček tabaska, kot odločijo vaše brbončice.

g) Po približno 1 uri in pol (čas je odvisen od kakovosti in žilavosti kosov divjačine) vzorčite meso; če je mehko, odstranite odvečno maščobo ali pa ga čez noč postavite v hladilnik, da se maščoba strdi, da jo boste lažje odstranili. Za zgostitev dodajte masa harino.

h) Nato zmešajte čili s kuhanim fižolom, zavrite in pustite, da se okusi prepojijo še 30 minut.

35. Juha iz govejih prsi in vampov

SESTAVINE:
- 1 čebula, sesekljana
- 1 paket volovskih kosti vključno z mesom
- Začimbe po okusu
- 1½ litra vode

NAVODILA:
a) Dodajte volovski rep v skledo z vodo in pustite, da se namaka, odstranite odvečno kri, vodo zamenjajte 2-3 krat.

b) Ko ste pripravljeni, dodajte kosti v velik lonec in jih pokrijte z 1½ litra vode.

c) Pristavimo na štedilnik in kuhamo najmanj 6 ur, dlje kot kuhamo, boljši je okus in meso.

d) Med kuhanjem ves čas posnemajte olje, ki se pojavi na vrhu, med kuhanjem vzdržujte raven vode na približno 1 galono.

e) Ko je končana, mora biti barva kremastega videza.

f) Popravite začimbe.

g) Postrezite v skledah z volovskim repom in po vrhu potresite sesekljano čebulo.

36. Juha iz prsi in pese

SESTAVINE:
- 4 srednji paradižniki
- 4 žlice masla
- 1 skodelica čebule; drobno sesekljane
- 2 stroka česna, olupljena; drobno sesekljana
- 1 funt Pesa, očiščena listov, olupljena, grobo naribana
- ½ korenine zelene, olupljene; grobo naribane
- 1 korenina peteršilja, olupljena, grobo naribana
- 1 pastinak, olupljen, grobo nariban
- ½ čajne žličke sladkorja
- ¼ skodelice rdečega vinskega kisa
- 1 žlica soli
- 2 litra goveje juhe, sveže ali konzervirane
- 1 funt kuhanega krompirja, olupljen; narezan na 1 1/2-palčne kose
- 1 funt zelja, brez sredic; grobo narezano
- 1 funt kuhanih prsi ali 1 funt kuhane šunke, narezane na 1-palčne kose
- 3 žlice peteršilja; drobno sesekljan
- ½ pinta kisle smetane

NAVODILA:
a) Paradižnike za 15 sekund spustimo v vrelo vodo, spustimo pod mrzlo vodo in jih olupimo, odrežemo pecelj in jih prečno prerežemo na pol.
b) Polovičke nežno stisnite, da odstranite sok in semena, nato pa jih grobo nasekljajte in odložite.
c) V 10- do 12-palčni ponvi ali lončku stopite maslo na zmernem ognju, dodajte čebulo in česen ter med pogostim mešanjem kuhajte 6 do 8 minut ali dokler nista mehka in rahlo obarvana. Vmešajte peso, zeleno koren, peteršiljevo

korenino, pastinak, polovico paradižnika, sladkor, kis, sol in 1½ skodelice jušne osnove.Na močnem ognju zavremo, lonec delno pokrijemo in ogenj zmanjšamo.Vremo 40 minut.

d) Medtem vlijemo preostalo osnovo v 6-8-qt enolončnico in dodamo krompir in zelje.Zavremo, nato delno pokrito kuhamo 20 minut ali dokler se krompir ne zmehča, vendar ne razpade.

e) Ko se zelenjavna mešanica kuha predpisani čas, jo dodamo v enolončnico k preostalim paradižnikom in mesu ter pod delno pokrito dušimo 10 do 15 minut, dokler se boršč ne segreje.

f) Po okusu začinimo.Prelijemo v juho, potresemo s peteršiljem in postrežemo s kislo smetano.

7. Zelenjavna juha iz prsi

SESTAVINE:

1 skodelica kuhanih prsi, sesekljanih
4 skodelice goveje juhe
1 čebula, narezana na kocke
2 korenja, narezana na rezine
2 stebli zelene, narezani
2 stroka česna, nasekljana
1 lovorjev list
1 čajna žlička posušenega timijana
Sol in poper po okusu
Sesekljan svež peteršilj za okras

NAVODILA:

V velikem loncu na srednjem ognju segrejte nekaj olja.
Dodamo na kocke narezano čebulo, narezano korenje, narezano zeleno in sesekljan česen ter pražimo, dokler se zelenjava ne zmehča.
V lonec dodamo narezane prsi, govejo juho, lovorov list, posušen timijan, sol in poper.
Juho zavremo, nato zmanjšamo ogenj in pustimo vreti približno 20-30 minut, da se okusi prepojijo.
Pred serviranjem odstranite lovorjev list.
Okrasite s sesekljanim svežim peteršiljem in postrezite vroče.

8.Prsi in ječmenova juha

SESTAVINE:
1 skodelica kuhanih prsi, sesekljanih
4 skodelice goveje juhe
1 čebula, narezana na kocke
2 korenčka, narezana na kocke
2 stebli zelene, narezani na kocke
1 skodelica bisernega ječmena
2 stroka česna, nasekljana
1 lovorjev list
1 čajna žlička posušenega timijana
Sol in poper po okusu
Sesekljan svež peteršilj za okras

NAVODILA:
V velikem loncu na srednjem ognju segrejte nekaj olja.
Dodamo na kocke narezano čebulo, na kocke narezano korenje, na kocke narezano zeleno in sesekljan česen ter pražimo toliko časa, da se zelenjava zmehča.
V lonec dodamo sesekljane prsi, govejo juho, ječmen, lovorov list, posušen timijan, sol in poper.
Juho zavremo, nato zmanjšamo ogenj in pokrijemo.
Kuhajte približno 45 minut do 1 ure ali dokler se ječmen ne zmehča in se okusi stopijo skupaj.
Pred serviranjem odstranite lovorjev list.
Okrasite s sesekljanim svežim peteršiljem in postrezite vroče.

9. Brisket Curry

SESTAVINE:
1 skodelica kuhanih prsi, narezana na tanke rezine
1 čebula, narezana na kocke
3 stroki česna, sesekljani
1 žlica naribanega ingverja
2 žlici curryja v prahu
1 pločevinka (14 unč) kokosovega mleka
1 skodelica goveje juhe
2 krompirja, olupljena in narezana na kocke
1 korenček, narezan
Sol in poper po okusu
Svež cilantro za okras
Kuhan riž ali naan kruh za serviranje

NAVODILA:
V velikem loncu ali globoki ponvi na srednjem ognju segrejte nekaj olja.
Dodamo na kocke narezano čebulo, sesekljan česen in nariban ingver ter pražimo, dokler čebula ne postekleni.
Dodajte curry v prahu in kuhajte minuto, da zadiši.
Dodamo narezane prsi, kokosovo mleko, govejo juho, na kocke narezan krompir in narezan korenček.
Začinimo s soljo in poprom po okusu.
Mešanico zavrite, nato pokrijte in kuhajte približno 20-30 minut oziroma dokler se zelenjava ne zmehča in se okusi prepojijo.
Okrasite s svežim cilantrom in postrezite s kuhanim rižem ali naan kruhom.

10. Brisket in čili iz črnega fižola

SESTAVINE:

1 skodelica kuhanih prsi, sesekljanih
1 čebula, narezana na kocke
2 stroka česna, nasekljana
1 jalapeno paprika, brez semen in narezana na kocke
1 pločevinka (14 unč) narezanega paradižnika
1 pločevinka (14 unč) črnega fižola, odcejenega in opranega
1 skodelica goveje juhe
1 žlica čilija v prahu
1 čajna žlička kumine
1 čajna žlička paprike
Sol in poper po okusu
Dodatki po želji: nariban sir, kisla smetana, sesekljana zelena čebula itd.

NAVODILA:

V velikem loncu na srednjem ognju segrejte nekaj olja.
Dodamo na kocke narezano čebulo, sesekljan česen in na kocke narezan jalapeno poper. Pražimo, dokler čebula ne postekleni.
V lonec dodamo sesekljane prsi, na kocke narezan paradižnik, črni fižol, govejo juho, čili v prahu, kumino, papriko, sol in poper.
Čili zavrite, nato zmanjšajte ogenj in kuhajte približno 30 minut, da se okusi prepojijo.
Po potrebi prilagodite začimbe.
Prsi in čili iz črnega fižola postrezite vroče s prelivi po želji.

1. Enolončnica iz prsi in sladkega krompirja

SESTAVINE:

1 skodelica kuhanih prsi, sesekljanih
1 čebula, narezana na kocke
2 stroka česna, nasekljana
2 sladka krompirja, olupljena in narezana na kocke
2 korenja, narezana na rezine
4 skodelice goveje juhe
1 lovorjev list
1 čajna žlička posušenega timijana
Sol in poper po okusu
Sesekljan svež peteršilj za okras

NAVODILA:

V velikem loncu na srednjem ognju segrejte nekaj olja.
Dodamo na kocke narezano čebulo in sesekljan česen ter pražimo, da čebula postekleni.
V lonec dodamo sesekljane prsi, na kocke narezan sladki krompir, narezano korenje, govejo juho, lovorov list, posušen timijan, sol in poper.
Enolončnico zavremo, nato zmanjšamo ogenj in pustimo vreti približno 30-40 minut oziroma dokler se sladki krompir in korenje ne zmehčata.
Pred serviranjem odstranite lovorjev list.
Okrasite s sesekljanim svežim peteršiljem in postrezite vroče.

2. Tortilja juha s prsi

SESTAVINE:
1 skodelica kuhanih prsi, nastrganih
1 čebula, narezana na kocke
2 stroka česna, nasekljana
1 jalapeno paprika, brez semen in narezana na kocke
1 pločevinka (14 unč) narezanega paradižnika
4 skodelice piščančje juhe
1 čajna žlička čilija v prahu
1 čajna žlička kumine
1/2 čajne žličke paprike
Sol in poper po okusu
Trakovi tortilje, rezine avokada, rezine limete in sesekljan koriander za okras

NAVODILA:
V velikem loncu na srednjem ognju segrejte nekaj olja.
Dodamo na kocke narezano čebulo, sesekljan česen in na kocke narezan jalapeno poper. Pražimo, dokler čebula ne postekleni.
V lonec dodajte narezane prsi, na kocke narezan paradižnik, piščančjo juho, čili v prahu, kumino, papriko, sol in poper.
Juho zavremo, nato zmanjšamo ogenj in pustimo vreti približno 15-20 minut, da se okusi prepojijo.
Po potrebi prilagodite začimbe.
Tortiljino juho iz prsi postrezite vročo, okrašeno s tortiljinimi trakovi, rezinami avokada, rezinami limete in sesekljanim cilantrom.

3. Juha iz prsi in leče

SESTAVINE:
1 skodelica kuhanih prsi, sesekljanih
1 čebula, narezana na kocke
2 stroka česna, nasekljana
1 korenček, narezan na kocke
1 steblo zelene, narezano na kocke
1 skodelica posušene leče, oprane in odcejene
4 skodelice goveje juhe
1 lovorjev list
1 čajna žlička posušenega timijana
Sol in poper po okusu
Sesekljan svež peteršilj za okras

NAVODILA:
V velikem loncu na srednjem ognju segrejte nekaj olja.
Dodamo na kocke narezano čebulo, sesekljan česen, na kocke narezan korenček in na kocke narezano zeleno ter pražimo toliko časa, da se zelenjava zmehča.
V lonec dodamo narezane prsi, posušeno lečo, govejo juho, lovorov list, posušen timijan, sol in poper.
Juho zavremo, nato zmanjšamo ogenj in pustimo vreti približno 30-40 minut oziroma dokler se leča ne zmehča in se okusi prepojijo.
Pred serviranjem odstranite lovorjev list.
Okrasite s sesekljanim svežim peteršiljem in postrezite vroče.

4.Prsi in koruzna juha

SESTAVINE:
1 skodelica kuhanih prsi, sesekljanih
1 čebula, narezana na kocke
2 stroka česna, nasekljana
2 krompirja, olupljena in narezana na kocke
2 skodelici koruznih zrn (sveža ali zamrznjena)
4 skodelice piščančje juhe
1 skodelica mleka ali smetane
2 žlici moke
2 žlici masla
Sol in poper po okusu
Nasekljan svež peteršilj ali drobnjak za okras

NAVODILA:
V večjem loncu na zmernem ognju raztopimo maslo.
Dodamo na kocke narezano čebulo in sesekljan česen ter pražimo, da čebula postekleni.
V lonec dodajte na kocke narezan krompir, koruzna zrna in piščančjo juho.
Zavremo, da juha zavre, nato zmanjšamo ogenj in pustimo vreti približno 15-20 minut ali dokler se krompir ne zmehča.
V majhni skledi zmešajte moko in mleko ali smetano, dokler ni gladka.
Mlečno zmes med nenehnim mešanjem počasi vlivamo v juho.
V lonec dodajte sesekljane prsi in premešajte, da se združijo.
Kuhajte še dodatnih 5 minut ali dokler se juha rahlo ne zgosti.
Začinimo s soljo in poprom po okusu.

Okrasite s sesekljanim svežim peteršiljem ali drobnjakom in postrezite vroče.

45. Brizga in fižolova enolončnica

SESTAVINE:

1 skodelica kuhanih prsi, sesekljanih
1 čebula, narezana na kocke
2 stroka česna, nasekljana
1 paprika, narezana na kocke
1 pločevinka (14 unč) narezanega paradižnika
2 pločevinki (po 14 unč) fižola po vaši izbiri (kot je črni fižol, ledvični fižol ali pinto fižol), odcejen in oplaknjen
4 skodelice goveje juhe
1 čajna žlička čilija v prahu
1 čajna žlička kumine
Sol in poper po okusu
Sesekljan svež cilantro za okras

NAVODILA:

V velikem loncu na srednjem ognju segrejte nekaj olja.
Dodamo na kocke narezano čebulo, sesekljan česen in na kocke narezano papriko ter pražimo, da čebula postekleni.
V lonec dodamo sesekljane prsi, na kocke narezan paradižnik, fižol, govejo juho, čili v prahu, kumino, sol in poper.
Enolončnico zavremo, nato zmanjšamo ogenj in pustimo vreti približno 20-30 minut, da se okusi prepojijo.
Po potrebi prilagodite začimbe.
Enolončnico z brizgami in fižolom postrezite vročo, okrašeno s sesekljanim svežim cilantrom.

46. Čili s prsi in gobami

SESTAVINE:

1 skodelica kuhanih prsi, sesekljanih
1 čebula, narezana na kocke
2 stroka česna, nasekljana
8 unč gob, narezanih
1 pločevinka (14 unč) narezanega paradižnika
1 pločevinka (14 unč) fižola v zrnju, odcejen in opran
1 skodelica goveje juhe
1 žlica čilija v prahu
1 čajna žlička kumine
1/2 čajne žličke paprike
Sol in poper po okusu
Dodatki po želji: nariban sir, kisla smetana, sesekljana zelena čebula itd.

NAVODILA:

V velikem loncu na srednjem ognju segrejte nekaj olja.
Dodamo na kocke narezano čebulo, sesekljan česen in narezane gobe ter pražimo toliko časa, da čebula postekleni in gobe porjavijo.
V lonec dodamo sesekljane prsi, na kocke narezan paradižnik, fižol v zrnju, govejo juho, čili v prahu, kumino, papriko, sol in poper.
Čili zavrite, nato zmanjšajte ogenj in kuhajte približno 30 minut, da se okusi prepojijo.
Po potrebi prilagodite začimbe.
Prsi in gobe čili postrezite vroče s prelivi po želji.

GLAVNA JED

7. Podeželski goveji prsi

SESTAVINE:
- 1 svež goveji prsi (2-1/2 do 3 funte), obrezan

MARINADA:
- 1/2 skodelice sojine omake
- 1 pločevinka (10-1/2 unč) kondenzirane goveje juhe, nerazredčena
- 2 žlici plus 1-1/2 čajne žličke limoninega soka
- 1/2 čajne žličke česna v prahu
- paprika

ZAČINJENA JUHA:
- 1/4 skodelice jabolčnega kisa
- 1/4 skodelice Worcestershire omake
- 1/4 skodelice pakiranega rjavega sladkorja
- 1/2 do 1 čajna žlička tekočega dima, neobvezno

NAVODILA:
a) Prsi damo v plitvo posodo s pokrovom, zmešamo limonin sok, česen v prahu, sojino omako in juho.
b) Prelijemo čez prsi. Pokrijemo in čez noč postavimo v hladilnik. Odcedimo; odvzamemo 1 skodelico marinade, preostalo pa zavržemo. Prihranjeno marinado postavimo nazaj v hladilnik.
c) Meso damo v plitek pekač in nanj stresemo papriko. Povrhu tesno položimo folijo. Pečemo v pečici na 325 stopinj, dokler se prsi ne zmehčajo, 3 ure. Pustimo stati, da se ohladi in postavimo v hladilnik.
d) Odlijemo sok od kuhanja. Ko je meso dobro in hladno narežemo na rezine in damo nazaj v pekač. V loncu zmešamo prihranjeno marinado in sestavine za začinjeno juho. Narahlo kuhamo 10 minut in stresemo čez prsi.

e) Pecite pokrito v pečici pri 325 stopinjah, dokler se ne segreje, 1 uro.

48. Jamaican Jerk Brisket

SESTAVINE:

- 12 funtov prsi
- 3 skodelice začimb
- 5 listov pimenta ali lovorovih listov
- 2 žlici pimentovih jagod

NAVODILA:

a) Z ostrim nožem obrežite prsi, tako da pustite plast maščobe, debelo vsaj 1/4 palca. Pazite, da ne obrežete preveč. Bolje se zmotiti, da je maščobe preveč kot premalo. Naredite niz 1/2 palca globoke zareze na vseh straneh mesa s konico noža za lupljenje, pri čemer zasukajte rezilo, da razširite luknje.

b) Z gumijasto lopatko prsi z vseh strani premažite z začimbami. Potisnite jih v luknjice, ki ste jih naredili z nožem za lupljenje. Pokrite marinirajte v hladilniku vsaj 6 ur ali čez noč – dlje ko se marinirajo, bogatejši je okus.

c) Prižgite svoj dimnik, štedilnik ali žar po navodilih proizvajalca in ga segrejte na 250 °F. Dodajte les, kot je določil proizvajalec. Če uporabljate vodni dimnik, dodajte liste pimenta in jagode pimenta v ponev z vodo. V nasprotnem primeru postavite te arome v kovinsko skledo ali ponev iz aluminijaste folije z 1 litrom tople vode in posodo postavite v kadilnico.

d) Z lopatko postrgajte odvečno jerk marinado z prsi. Prsi položite z maščobno stranjo navzgor v smoker. Če uporabljate offset smoker, postavite debelejši konec proti kurišču. Prsi pecite toliko časa, da zunanja stran postane temno rjava in se notranja temperatura zabeleži približno 165 °F na termometru s takojšnjim odčitavanjem, približno

8 ur. Po potrebi napolnite štedilnik z gorivom po navodilih proizvajalca.

e) Prsi vzamemo iz smokerja in jih tesno zavijemo v mesarski papir ter vrnemo v kuhalnik.

f) Nadaljujte s kuhanjem, dokler se notranja temperatura ne segreje na približno 205 °F in je meso ob preizkusu zelo mehko, še 2 do 4 ure ali po potrebi.

g) Zavite jerk briskete postavite v izoliran hladilnik in pustite počivati 1 do 2 uri.

h) Prsi odvijemo in prestavimo na dobro desko za rezanje, morebitne sokove, ki so se nabrali v mesnem papirju, pa zlijemo v skledo.

i) Prsi narežite čez zrno na 1/4 palca debele rezine, ki jih položite na popečene zvitke,

j) po želji Sokom v skledi dodamo morebiten sok z deske za rezanje, z žlico prelijemo meso in postrežemo.

9. Govedina in krompir

SESTAVINE:

- 6 funtov (2,7 kg) soljenih govejih prsi
- 10 skodelic vode
- 2 žlici začimb za vlaganje (neobvezno)
- 5 skodelic narezanega krompirja
- 2 skodelici korenja, narezanega na koščke
- 2 čebuli, narezani na kocke

NAVODILA:

a) Prsi obrežite, da odstranite čim več maščobe, nato pa jih narežite na koščke velikosti grižljaja.
b) V lonec dajte vodo in začimbo za vlaganje, če jo uporabljate, in zavrite.
c) V spodnjo tretjino litrskih kozarcev s širokim grlom položite krompir, korenje in čebulo.
d) Na krompir položite prsi in pustite 1 cm prostora.
e) Začinjeno vodo nalijem v kozarce in ohranim centimeter prostora. Začimbe precedim, ker se močno okrepijo, ko to stoji na polici.
f) Z gumijasto lopatico odstranite vse zračne žepe.
g) Robove kozarcev obrišemo s papirnato brisačo, namočeno v kis, nato pa zapremo pokrove.
h) Obdelujte v tlačni posodi pri 11 PSI 90 minut, prilagodite nadmorsko višino.

0.Mesquite dimljeni prsi (zaviti)

SESTAVINE:
1 (12-funt) poln prsi
2 žlici rumene gorčice
Sol
Sveže mleti črni poper

NAVODILA:
Prsi po celem premažemo z gorčico ter začinimo s soljo in poprom.
Prsi položite neposredno na rešetko žara in dimite, dokler notranja temperatura dima ne doseže 160 °F in na prsih ne nastane temna skorja.
Prsi povlecite z žara in jih v celoti zavijte v aluminijasto folijo ali mesarski papir.
Zavite prsi prestavimo v hladilnik, hladilnik pokrijemo in pustimo prsi počivati 1 ali 2 uri.
Odstranite prsi iz bolj sproščenega in jih odvijte.

1. Dušene prsi s petimi začimbami

SESTAVINE:
- 8 unč ingverja s kožo
- 2 čebuli, prepolovljeni
- 3 žlice rastlinskega olja
- 3 žlice petih začimb v prahu
- Košer sol in mleti poper,
- 8 skodelic goveje juhe
- Sojina omaka, 1 skodelica
- 4-kilogramske prsi
- 1 skodelica svetlo rjavega sladkorja
- Hoisin omaka, 1 skodelica
- 10 strokov česna
- janež 3 zvezdice
- 3 cele nageljne
- 2 cimetovi palčki
- 1 šopek narezane kapestose

NAVODILA:
a) Ingver in čebulo kuhajte v ponvi 8 minut in po potrebi premešajte.
b) Z lončeno posodo segrejte olje.
c) Prsi začinite s soljo, poprom in petimi začimbami v prahu ter pražite 6 minut, po potrebi jih obrnite, dokler ne postanejo zlato rjave.
d) Deglazirajte ponev z 1 skodelico tekočine.
e) Ingver, čebulo in prsi skupaj s preostalimi sestavinami prenesite v lonec in kuhajte na nizki temperaturi 3 ure.
f) Prsi narežite in postrezite s tekočino za dušenje.

2. Rožnati goveji prsi na žaru

SESTAVINE:
- 3 funte soljenih govejih prsi
- 6 krompirjev za zmerno peko
- 1 ovojnica mešanice suhe čebulne juhe
- ½ skodelice masla, zmehčanega
- ½ skodelice sladkorja
- ¼ skodelice kisa
- 5 žlic pripravljene gorčice
- 1 skodelica kisle smetane
- ¼ skodelice mleka

NAVODILA:
a) Predhodno segrejte obe strani plinskega žara na HIGH za 10 minut. Obrnite gorilnike na zmerno. Sperite koruzno govedino; položite v pekač iz folije na rešetke. Zaprite pokrov in kuhajte 1 uro in pol.

b) Krompir očistite, vendar ga ne olupite; vsak krompir po dolžini narežite na 3 ali 4 dele. Odstavite 3 žlice jušne mešanice; preostalo mešanico in maslo zmešajte. Mešanico namažite na dele krompirja in ponovno sestavite; vsak krompir zavijte v debelo folijo;postavite na žar s koruzno govedino.Pokrijte pokrov in pecite na žaru 45 do 60 minut dlje, krompir enkrat obrnite.

c) V ponvi zmešajte sladkor, kis, 3 žlice gorčice in kanček soli. Zavremo; mešamo, dokler se sladkor ne raztopi. Zadnjih nekaj minut pečenja na žaru premažemo koruzno govedino. Zmešamo kislo smetano, mleko, prihranjeno mešanico za juho in preostalo gorčico. Segrejemo, občasno premešamo, vendar ne zavremo.

d) Meso počez narežemo, postrežemo s krompirjem in kislo smetano.

3. Svinjina Bo Kho

SESTAVINE:
1¼ lbs svinjskih prsi
1 žlica gheeja
½ majhne čebule, narezane na kocke
1 žlica svežega naribanega ingverja
1 žlica ribje omake rdečega čolna
½ velikega stebla limonske trave, narezanega na 3-palčne dolžine
½ lovorjev list
½ skodelice narezanega paradižnika
½ lb korenja, olupljenega in narezanega
1 čajna žlička Madras karija
1 žlica jabolčnega omaka
1 cela zvezda janeža
½ skodelice kostne juhe
½ čajne žličke soli

NAVODILA:
Na instant loncu izberite funkcijo 'dušenje' in dodajte ghee.
V loncu po obrokih prepražite prsi.
Prsi prestavimo na krožnik in v lonec damo čebulo.
Čebulo pražimo 3 minute, nato dodamo ingver, korenje, na kocke narezan paradižnik, curry v prahu, omako iz rdečih rib in pečeno svinjino.
Zmešajte limonsko travo, lovorjev list, juho, jabolčno omako in zvezdasti janež.
Na ročni funkciji kuhajte 35 minut pri visokem tlaku.
Tlak naravno sprostite za 30 minut, nato odstranite pokrov.
Postrezite takoj.

4. Goveji prsi nad divjim rižem

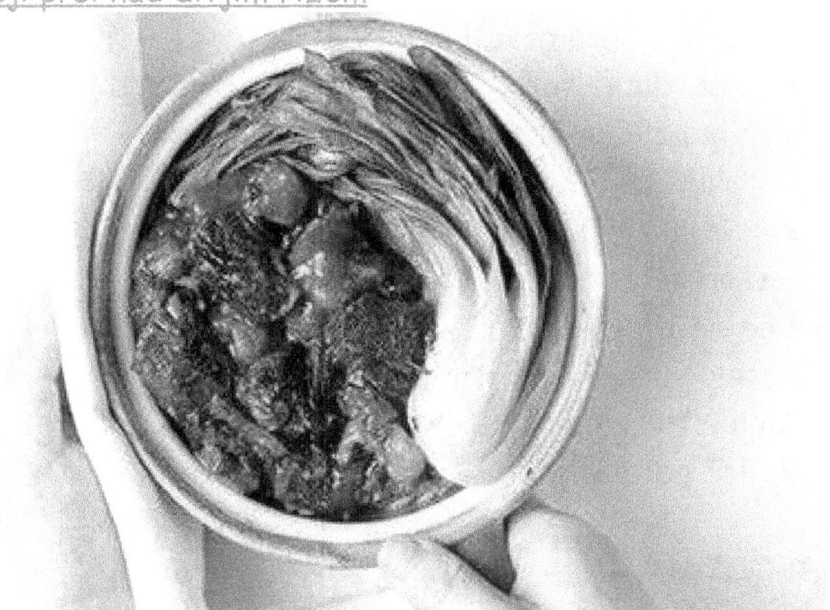

SESTAVINE:
- 2½ funta Sveži goveji prsi
- 1 čajna žlička soli
- ¼ čajne žličke česna v prahu
- 1 steklenica (12 oz) piva
- 2 med. zrela paradižnika, narezana
- ½ skodelice narezane čebule
- 1 čajna žlička Poper
- 1 steklenica (12 oz) čilijeve omake
- Divji riž amandin
- Vejice peteršilja

NAVODILA:
a) Goveje prsi položite z mastno stranjo navzdol v globok pekač. Potresite jih s čebulo, soljo, poprom in česnom v prahu. Prsi prelijte s čilijevo omako. Tesno pokrijte in pecite v počasi pečici (325 stopinj F.) 3 ure. Zalijte s pivom čez prsi.
b) Prsi položite na velik servirni krožnik in obdajte z divjim rižem Amandine.
c) Okrasite z narezanimi paradižniki in peteršiljem. Prsce narežite na zelo tanke rezine in postrezite z vročo tekočino za kuhanje.

5. Okusni svinjski prsi

SESTAVINE:
- 4 lbs svinjskih prsi, ploščat rez
- ½ čajne žličke soli zelene
- ½ čajne žličke česnove soli
- ½ čajne žličke Lowryjeve začinjene soli
- 2 žlici Worcestershire omake
- 2 skodelici omake za žar
- 4 žlice tekočega dima
- 1 skodelica vode

NAVODILA:
a) Svinjske prsi začinimo s soljo, česnovo soljo, soljo zelene, tekočim smokerjem in worcestrsko omako 2. Začinjeno svinjsko meso čez noč mariniramo.
b) V instant lonec dodajte omako za žar, vodo in marinirano svinjino.
c) Izberite "ročno" in kuhajte 60 minut pri visokem tlaku.
d) Po pisku "naravno izpustite" paro 15 minut.
e) Odstranite pokrov in postrezite vroče.

6.Dušeni prsi s pivom in čilijem

SESTAVINE:

- 2 stroka česna; mleto
- 2 žlički mlete kumine
- ¼ čajne žličke Cimet
- ¼ skodelice Plus 1 žlica rjavega sladkorja
- 5 funtov Prsi
- 2 veliki čebuli; narezana na kolesca
- 1 skodelica Temno pivo ali stout
- 3 žlice Paradižnikova mezga
- 1 žlica konzerviranega chipotle čilija
- 10 majhnih Rdeči krompir; prerežite na pol
- ½ funta Mladi korenčki

NAVODILA:

a) Zmešajte prve 3 sestavine Prsi natrite z mešanico začimb, da jih pokrijete in položite na folijo.

b) Na meso položite rezine čebule.V skledi zmešajte naslednje 3 sestavine in preostali rjavi sladkor.Prelijte čez meso.

c) Meso polijte s sokom iz ponve in pecite še eno uro.

d) V ponev dodamo krompir in korenje ter pečemo približno 1-1 ure brez pokrova .

SUŠENI BRIZKI

57. Pivska salama

SESTAVINE:

- 3 funte Goveji prsi, narezani na kocke
- 7 funtov Šunka, na kocke, maščoba vključena
- 1½ žlice črnega popra
- 1 jušna žlica mlete mace
- 1½ žlice Zdrobljeno gorčično seme
- 2 žlički česna, drobno mletega
- 4 čevlje veliki goveji črevi

NAVODILA:

a) Začnite dimiti pri približno 80 stopinjah in postopoma dvignite temperaturo na 160. To naj traja približno 4 ure. Dimite še dodatni 2 uri.

b) Ohladite tako, da potopite v lonec hladne (ne mrzle) vode za približno 5 minut, dokler ni hladna na dotik. Salamo temeljito osušite in shranite v hladilniku.

58. Klasični pastrami

SESTAVINE:
- Goveji prsi, odrezani s konice
- Košer sol - 6½ žlice
- Rjavi sladkor - 6 žlic
- Semena koriandra - ¼ čajne žličke
- Med - 1 žlica
- 3 lovorjev list, sesekljan
- Česen, olupljen in sesekljan - 1 čajna žlička
- Kajenski poper - ¼ čajne žličke
- Cela zrna črnega popra - ¼ skodelice
- Rjavi sladkor - 1 žlica
- Semena koriandra - ¼ skodelice
- Česen v prahu - 2 žlički
- Paprika - 1 žlica
- Čebula v prahu - 2 žlički

NAVODILA:
a) Zmešajte košer sol, rjavi sladkor, koriandrova semena, sol za sušenje, med, lovorjev list, česen in kajenski poper ter prenesite v veliko posodo.
b) V ohlajeno slanico dodamo meso in ga obtežimo s krožnikom ter pustimo za en teden, da se slanica ohladi.
c) V skledi zmešajte zrna črnega popra, rjavi sladkor, koriandrova semena, česen v prahu, papriko in čebulo v prahu.
d) Mešanico enakomerno vtrite po zunanji strani mesa.
e) Meso položimo na rešetko žara in pečemo 4 ure.

59.Klasični koruzni goveji prsi

SESTAVINE:

- 4-5 funtov govejih prsi
- 1 skodelica košer soli
- 1/2 skodelice rjavega sladkorja
- 2 žlici začimb za vlaganje
- 6 strokov česna, mletega
- 2 žlici rožnate soli za sušenje (neobvezno)
- Voda, toliko da pokrije prsi

NAVODILA:

a) V velikem loncu zmešajte košer sol, rjavi sladkor, začimbe za vlaganje, sesekljan česen in rožnato sol za soljenje (če uporabljate).
b) Dodajte toliko vode, da pokrijete prsi, in mešajte, dokler se sol in sladkor ne raztopita.
c) Prsi položite v mešanico slanice in pazite, da so popolnoma potopljene.
d) Lonec pokrijte in postavite v hladilnik za 5-7 dni, pri čemer prsi enkrat na dan obrnite.
e) Po obdobju sušenja odstranite prsi iz slanice in jih sperite pod hladno vodo, da odstranite odvečno sol.
f) Prsi položite v velik lonec in jih prelijte s svežo vodo.
g) Zavremo vodo, nato zmanjšamo ogenj in pustimo vreti 3-4 ure oziroma dokler se prsi ne zmehčajo.
h) Ko je kuhano, soljeno govedino narežite na rezine in postrezite.

60. V soli sušeni prsi (Bresaola)

SESTAVINE:

4-5 funtov govejih prsi
1 skodelica košer soli
1/2 skodelice granuliranega sladkorja
1 žlica zdrobljenega črnega popra
4 stroki česna, sesekljani
4 vejice svežega rožmarina, sesekljane
4 vejice svežega timijana, sesekljanega

NAVODILA:

V skledi zmešajte košer sol, granulirani sladkor, zdrobljen črni poper, sesekljan česen, sesekljan rožmarin in sesekljan timijan.

Mešanico soli vtrite po celem prsnem košu in zagotovite, da je enakomerno prevlečen.

Prsi položite v veliko plastično vrečko ali nepredušno posodo, ki jo je mogoče ponovno zapreti, in jih hranite v hladilniku 7-10 dni, pri čemer jih enkrat na dan obrnite.

Po obdobju sušenja vzemite prsi iz vrečke ali posode in jih sperite pod hladno vodo, da odstranite odvečno sol in zelišča.

Prsi posušite s papirnatimi brisačami in jih obesite na hladno, dobro prezračevano mesto za 3-4 tedne ali dokler se ne posušijo in razvijejo čvrsto strukturo.

Ko je bresaola strjena, jo na tanko narežite in postrezite.

61. Suho sušeni prsi

SESTAVINE:

- 4-5 funtov govejih prsi
- 1/4 skodelice košer soli
- 1/4 skodelice rjavega sladkorja
- 1 žlica zdrobljenega črnega popra
- 1 žlica zdrobljenih koriandrovih semen
- 1 žlica česna v prahu
- 1 žlica čebule v prahu
- 1 žlica paprike
- 1 žlica posušenega timijana
- 1 žlica posušenega rožmarina

NAVODILA:

a) V skledi zmešajte košer sol, rjavi sladkor, zdrobljen črni poper, zdrobljena semena koriandra, česen v prahu, čebulo v prahu, papriko, posušen timijan in posušen rožmarin.
b) Z začimbno mešanico vtrite celoten prsi in zagotovite, da je enakomerno prevlečen.
c) Prsi položite v plastično vrečko, ki jo je mogoče ponovno zapreti, ali jih tesno zavijte v plastično folijo. Hladite 7-10 dni, pri čemer jih enkrat na dan obrnite.
d) Po obdobju sušenja vzemite prsi iz vrečke ali plastične folije in jih sperite pod mrzlo vodo, da odstranite odvečno sol in začimbe.
e) Pečico segrejte na 225 °F (110 °C).
f) Prsi položite na rešetko v pekaču in jih pecite 6-8 ur ali dokler notranja temperatura ne doseže 195°F (90°C) in so prsi mehke.

g) Ko so pečene, jih pustite nekaj minut počivati, preden jih narežete na rezine.

DIMLJENI BRIZKI

62.Odvito Teksaški dimljeni prsi

SESTAVINE:
1 (12-funt) poln prsi
2 žlici rumene gorčice
1 serija espresso Brisket Rub
Worcestershire Mop and Spritz, za škropljenje

NAVODILA:
a) Prsi po celi dolžini premažemo z gorčico in začinimo z naribanim naribom.Namaz z rokami vtremo v meso.Natrek nalijemo v razpršilko.
b) Prsi položite neposredno na rešetko žara in dimite, dokler notranja temperatura dima ne doseže 195 °F, pri čemer jih vsako uro poškropite s krpo.
c) Prsi potegnemo iz žara in jih cele zavijemo v alu folijo ali mesarski papir.Zavite prsi položimo v bolj sproščeno posodo, bolj sproščeno pokrijemo in pustimo počivati 1 ali 2 uri.
d) Odstranite prsi iz bolj sproščenega in jih odvijte.

63. Dimljeni goveji prsi na teksaški način

SESTAVINE:

- 1 cel paket prsi
- Morska sol - 2 žlici
- Česen v prahu - 2 žlici
- črni poper - 2 žlici

NAVODILA:

a) V skledi zmešajte sestavine za natrij, morsko sol, česen v prahu in črni poper.Z začimbami natrite prsi.
b) Meso razporedite po dimilnici s koničastim koncem proti primarnemu viru toplote.Zaprite pokrov dimilnice in dimite približno 8 ur .
c) Meso zavijte tako, da prepognete rob folije čez rob, da ustvarite tesnilo, ki je neprepustno za listje.V folijo zavite prsi vrnite v kadilnico, stran s šivi obrnjena navzdol.
d) Zaprite pokrov kadilnice in nadaljujte s kuhanjem pri 225 °F (110 °C). To bo trajalo od 5 do 8 ur.

64. Prekajeni prsi s kavnim vložkom

SESTAVINE:

8-10 funtov govejih prsi
Sol in poper po okusu
1/4 skodelice fino mlete kave
2 žlici rjavega sladkorja
1 žlica paprike
1 žlica čilija v prahu
1 žlica česna v prahu
1 žlica čebule v prahu
1 čajna žlička kajenskega popra (neobvezno)

NAVODILA:

Predgrejte kadilnico na 225 °F (110 °C) in jo pripravite na posredno segrevanje.
Odrežite odvečno maščobo s prsi, tako da pustite približno 1/4 palca maščobe.
Prsi začinimo s soljo in poprom.
V skledi zmešajte fino mleto kavo, rjavi sladkor, papriko, čili v prahu, česen v prahu, čebulo v prahu in kajenski poper (če ga uporabljate). Dobro premešajte.
Mešanico začimb za kavo vtrite po celem prsnem košu, pri čemer pazite, da prekrijete vse strani.
Prsi položite v kadilnico z maščobno stranjo navzgor.
Zaprite kadilnico in pustite, da se prsi kadijo približno 1,5 do 2 uri na funt ali dokler notranja temperatura ne doseže približno 195 °F (90 °C) do 203 °F (95 °C) in so prsi mehke.
Prsi odstranite iz kadilnice in pustite počivati vsaj 30 minut.
Prsi narežite na rezine in postrezite.

65. Prekajeni prsi z gorčičnim vložkom

SESTAVINE:

8-10 funtov govejih prsi
Sol in poper po okusu
1/4 skodelice dijonske gorčice
2 žlici rjavega sladkorja
1 žlica paprike
1 žlica čilija v prahu
1 žlica česna v prahu
1 žlica čebule v prahu

NAVODILA:

Predgrejte kadilnico na 225 °F (110 °C) in jo pripravite na posredno segrevanje.
Odrežite odvečno maščobo s prsi, tako da pustite približno 1/4 palca maščobe.
Prsi začinimo s soljo in poprom.
V skledi zmešajte dijonsko gorčico, rjavi sladkor, papriko, čili v prahu, česen v prahu in čebulo v prahu ter dobro premešajte.
Z gorčično mešanico vtrite celoten prsi, pri čemer pazite, da prekrijete vse strani.
Prsi položite v kadilnico z maščobno stranjo navzgor.
Zaprite kadilnico in pustite, da se prsi kadijo približno 1,5 do 2 uri na funt ali dokler notranja temperatura ne doseže približno 195 °F (90 °C) do 203 °F (95 °C) in so prsi mehke.
Prsi odstranite iz kadilnice in pustite počivati vsaj 30 minut.
Prsi narežite na rezine in postrezite.

66. Dimljeni prsi z javorjevo glazuro

SESTAVINE:

8-10 funtov govejih prsi
Sol in poper po okusu
1/4 skodelice javorjevega sirupa
2 žlici dijonske gorčice
2 žlici jabolčnega kisa
2 žlici rjavega sladkorja
1 žlica paprike
1 žlica česna v prahu
1 žlica čebule v prahu
1 čajna žlička kajenskega popra (neobvezno)

NAVODILA:

Predgrejte kadilnico na 225 °F (110 °C) in jo pripravite na posredno segrevanje.
Odrežite odvečno maščobo s prsi, tako da pustite približno 1/4 palca maščobe.
Prsi začinimo s soljo in poprom.
V skledi zmešajte javorjev sirup, dijonsko gorčico, jabolčni kis, rjavi sladkor, papriko, česen v prahu, čebulo v prahu in kajenski poper (če uporabljate). Dobro premešajte.
Mešanico javorjeve glazure vtrite po celem prsnem košu, pri čemer pazite, da prekrijete vse strani.
Prsi položite v kadilnico z maščobno stranjo navzgor.
Zaprite kadilnico in pustite, da se prsi kadijo približno 1,5 do 2 uri na funt ali dokler notranja temperatura ne doseže približno 195 °F (90 °C) do 203 °F (95 °C) in so prsi mehke.
Prsi odstranite iz kadilnice in pustite počivati vsaj 30 minut.
Prsi narežite na rezine in postrezite.

67. Reverse-Seared Tri-Tip

SESTAVINE:
1½ funta pečenke s tremi konicami
1 serija espresso Brisket Rub

NAVODILA:
a) Pečenko s tremi konicami začinimo z naribanim naribom, ki ga z rokami vtremo v meso.
b) Pečeno meso položite neposredno na rešetko žara in dimite, dokler notranja temperatura dima ne doseže 140 °F.
c) Povečajte temperaturo dima žara na 450 °F in nadaljujte s kuhanjem, dokler notranja temperatura dima pečenke ne doseže 145 °F. To isto tehniko lahko izvajate na odprtem ognju ali v litoželezni ponvi z nekaj masla.
d) Odstranite pečenko s tremi konicami z žara in jo pustite počivati 10 do 15 minut, preden jo narežete in postrežete.

BRIZCE NA ŽARU

8. BBQ prsi na žaru

SESTAVINE:
1 (12-14 lb.) celi prsi
Goveje drgnjenje, po potrebi

NAVODILA:
Meso izdatno premažite z Beef Rub
Ko je začinjeno, prsi zavijte v plastično folijo. Zavito meso pustite stati 12 do 24 ur v hladilniku.
Meso z maščobo navzdol položimo na rešetko žara in pečemo 6 ur
Položite prsi v folijo nazaj na žar in kuhajte, dokler ne doseže končne notranje temperature dima 204, kar naj bi trajalo dodatne 3-4 ure.
Odstranite z žara in pustite počivati v foliji vsaj 30 minut. Narežite. Uživajte!

9.Brisket Teriyaki na žaru

SESTAVINE:

4-5 funtov govejih prsi
1 skodelica teriyaki omake
1/4 skodelice sojine omake
2 žlici rjavega sladkorja
2 žlici sezamovega olja
2 stroka česna, nasekljana
Sol in poper po okusu

NAVODILA:

Predgrejte žar na srednjo temperaturo.
V skledi zmešajte teriyaki omako, sojino omako, rjavi sladkor, sezamovo olje, mlet česen, sol in poper.
Prsi položite v veliko plastično vrečko ali nepredušno posodo, ki jo je mogoče ponovno zapreti, in jih prelijte z marinado. Prepričajte se, da so prsi dobro prevlečene.
Marinirajte v hladilniku vsaj 4 ure ali po možnosti čez noč.
Odstranite prsi iz marinade in zavrzite odvečno marinado.
Prsi položimo na žar in zapremo pokrov.
Prsi kuhajte približno 1,5 do 2 uri na funt ali dokler notranja temperatura ne doseže približno 195 °F (90 °C) do 203 °F (95 °C) in so prsi mehke.
Prsi odstranite z žara in pustite počivati vsaj 30 minut.
Prsi narežite na rezine in postrezite.

Solata iz prsi na žaru

SESTAVINE:
4-5 funtov govejih prsi
Sol in poper po okusu
Mešana zelena solata
Češnjev paradižnik, prepolovljen
Kumare, narezane
Rdeča čebula, tanko narezana
Balzamični vinaigrette ali vaš najljubši preliv

NAVODILA:
Predgrejte žar na srednjo temperaturo.
Prsi začinimo s soljo in poprom.
Prsi položimo na žar in zapremo pokrov.
Prsi kuhajte približno 1,5 do 2 uri na funt ali dokler notranja temperatura ne doseže približno 195 °F (90 °C) do 203 °F (95 °C) in so prsi mehke.
Prsi odstranite z žara in pustite počivati vsaj 30 minut.
Prsi narežite proti zrnu.
V veliki skledi zmešajte mešano zeleno solato, češnjev paradižnik, rezine kumare in rdečo čebulo.
Prelijemo z balzamičnim vinaigretom ali vašim najljubšim prelivom in prelijemo na plašč.
Narezane prsi razporedimo po solati.
Solato iz prsi na žaru postrezite kot okusen in obilen obrok.

1. Nabodala na žaru

SESTAVINE:
4-5 funtov govejih prsi, narezanih na kocke
Sol in poper po okusu
Vaša najljubša marinada ali BBQ omaka
Nabodala (namočena v vodi, če uporabljate lesena nabodala)

NAVODILA:
Predgrejte žar na srednjo temperaturo.
Prsne kocke začinimo s soljo in poprom.
Prsne kocke nataknite na nabodala.
Narezane prsne kocke namažite s svojo najljubšo marinado ali BBQ omako.
Nabodala položite na rešetko in zaprite pokrov.
Pecite na žaru približno 10-12 minut, občasno obrnite, ali dokler prsi niso pečene do želene stopnje pečenosti.
Odstranite nabodala z žara in jih pustite počivati nekaj minut, preden jih postrežete.

2. Fajitas iz prsi na žaru

SESTAVINE:
4-5 kilogramov govejih prsi, narezanih na tanke trakove
Sol in poper po okusu
2 papriki, narezani na rezine
1 čebula, narezana
2 žlici olivnega olja
Začimba Fajita (kupljena ali domača)
Tortilje iz moke
Dodatki: salsa, guacamole, kisla smetana, nariban sir itd.

NAVODILA:
Predgrejte žar na srednjo temperaturo.
Trakove prsi začinite s soljo, poprom in začimbo fajita.
V skledo stresite narezano papriko in čebulo z oljčnim oljem, soljo in poprom.
Na žar položite začinjene trakce prsi in zelenjavno mešanico.
Pecite na žaru približno 8-10 minut, pri čemer prsi in zelenjavo občasno obrnite ali dokler prsi niso pečene do želene stopnje pečenosti in zelenjava ni mehka.
Prsi in zelenjavo odstranimo z žara in pustimo nekaj minut počivati.
Tortilje iz moke segrejte na žaru.
Sestavite fajite tako, da na tortilje položite pečene prsi in zelenjavo.
Prelijte z želenimi prelivi in zložite tortilje.
Fajitas na žaru postrezite vroče.

3.Prsi na žaru z omako Chimichurri

SESTAVINE:

4-5 funtov govejih prsi
Sol in poper po okusu
Chimichurri omaka:
1 skodelica svežega peteršilja, drobno sesekljanega
1/4 skodelice svežega cilantra, drobno sesekljanega
4 stroki česna, sesekljani
1/4 skodelice rdečega vinskega kisa
1/4 skodelice olivnega olja
1 čajna žlička posušenega origana
Sol in poper po okusu

NAVODILA:

Predgrejte žar na srednjo temperaturo.
Prsi začinimo s soljo in poprom.
V skledi združite vse sestavine za chimichurri omako in dobro premešajte.
Začinjene prsi položimo na žar in zapremo pokrov.
Pečemo na žaru približno 1,5 do 2 uri na funt ali dokler notranja temperatura ne doseže okoli 195 °F (90 °C) do 203 °F (95 °C) in so prsi mehke.
Prsi odstranite z žara in pustite počivati vsaj 30 minut.
Prsi narežite proti zrnu.
Narezane prsi prelijemo z omako chimichurri ali omako postrežemo zraven.
Postrezite prsi na žaru z omako chimichurri.

POČASNI KUHALNIK / CROCKPOT BRISKET

74. Dimljeni goveji prsi v počasnem kuhanju

SESTAVINE:
- 2 žlici ekstra deviškega oljčnega olja
- 2 žlici jabolčnega kisa
- 1 žlica tekočega dima
- ½ skodelice svetlo rjavega sladkorja
- 2 žlici česna v prahu
- 2 žlici čebule v prahu
- 2 žlici paprike
- 1 žlica košer soli
- 1 žlica posušenih peteršiljevih kosmičev
- 1 čajna žlička mletega črnega popra
- 1 čajna žlička kajenskega popra
- 7 do 8 funtov govejih prsi

NAVODILA

a) V majhni skledi za mešanje z metlico zmešajte olje, kis, tekoči dim, sladkor, česen in čebulo v prahu, papriko, sol, peteršilj, črni poper in kajenski pekoč pekač. Mešanico vtrite po prsih.

b) Počasen štedilnik s prostornino 6 litrov poškropite z razpršilom za kuhanje proti prijemanju in vanj položite prsi. Počasni štedilnik nastavite na nizko temperaturo in kuhajte 12 ur.

c) Pekač velikosti 9 krat 13 palcev obložite z aluminijasto folijo. Ko so prsi pečeni, jih previdno vzemite iz počasnega štedilnika in položite v pripravljen pekač. Pečico vklopite in pecite prsi, dokler ne zavre " (natrtek) je temno rjav, 3 do 5 minut. Briskice vzamemo iz pečice, pokrijemo z aluminijasto folijo in pustimo počivati 1 uro pred serviranjem.

75. iz počasnega kuhalnika

SESTAVINE:
- 4 funte govejih prsi
- 3 žlice moke
- Sol in poper

NAVODILA:
a) Kuhajte na nizki temperaturi 6 ur pri 250 stopinjah.
b) Zmešajte sok, moko, sol in poper, da naredite omako, in omako pokapajte po prsih.

76. Takosi s prsi iz počasnega kuhalnika

SESTAVINE:
3-4 kilograme govejih prsi
1 čebula, narezana
4 stroki česna, sesekljani
1 jalapeno paprika, brez semen in narezana na kocke
1 žlica čilija v prahu
1 čajna žlička mlete kumine
1 čajna žlička paprike
1/2 čajne žličke origana
Sol in poper po okusu
Koruzne tortilje
Dodatki: sesekljan koriander, na kocke narezana čebula, narezane redkvice, rezine limete, salsa itd.

NAVODILA:
Prsi začinite s soljo, poprom, čilijem v prahu, kumino, papriko in origanom.
V počasni štedilnik položite narezano čebulo, sesekljan česen in jalapeno papriko.
Na zelenjavo položimo začinjene prsi.
Počasni štedilnik pokrijte in kuhajte pri nizki temperaturi 8-10 ur ali pri visoki temperaturi 4-6 ur, dokler se prsi ne zmehčajo in zlahka razrežejo.
Odstranite prsi iz počasnega kuhalnika in jih razrežite z dvema vilicama.
Koruzne tortilje segrejte in jih napolnite z naribanimi prsi.
Takose postrezite s prelivi po želji.

77.Prsi in omaka v počasnem kuhalniku

SESTAVINE:

3-4 kilograme govejih prsi
1 čebula, narezana
4 stroki česna, sesekljani
1 skodelica goveje juhe
1/4 skodelice sojine omake
2 žlici Worcestershire omake
1 žlica dijonske gorčice
2 žlici koruznega škroba (po želji, za zgostitev)
Sol in poper po okusu

NAVODILA:

Prsi začinimo s soljo in poprom.
V počasen kuhalnik položite narezano čebulo in sesekljan česen.
Začinjene prsi položimo na čebulo in česen.
V skledi zmešamo govejo juho, sojino omako, worcestrsko omako in dijonsko gorčico ter zmes prelijemo čez prsi.
Počasni štedilnik pokrijte in kuhajte pri nizki temperaturi 8-10 ur ali pri visoki temperaturi 4-6 ur, dokler se prsi ne zmehčajo.
Ko so prsi pečene, jih odstranite iz počasnega kuhalnika in pustite nekaj minut počivati.
Po želji zgostite tekočino za kuhanje tako, da koruzni škrob zmešate z majhno količino vode, nato pa ga vmešate v tekočino v počasnem štedilniku.Na visoki temperaturi kuhajte dodatnih 15-20 minut oziroma dokler se ne zgosti.
Prsi narežite na rezine in postrezite z omako.

78. Slow Cooker Brisket Chili

SESTAVINE:

3-4 funte govejih prsi, obrezanih in narezanih na kocke
1 čebula, narezana na kocke
3 stroki česna, sesekljani
1 jalapeno paprika, brez semen in narezana na kocke
1 pločevinka (14 unč) narezanega paradižnika
1 pločevinka (14 unč) fižola v zrnju, odcejen in opran
1 pločevinka (14 unč) črnega fižola, odcejenega in opranega
2 žlici čilija v prahu
1 žlica mlete kumine
1 čajna žlička paprike
1/2 čajne žličke origana
Sol in poper po okusu
Dodatki po želji: nariban sir, kisla smetana, sesekljan koriander, na kocke narezana čebula itd.

NAVODILA:

a) Prsne kocke začinite s soljo, poprom, čilijem v prahu, kumino, papriko in origanom.
b) V počasni kuhalnik položite začinjene prsi, na kocke narezano čebulo, nasekljan česen, jalapeno papriko, na kocke narezan paradižnik, fižol v zrnju in črni fižol.
c) Počasni štedilnik pokrijte in kuhajte pri nizki temperaturi 8-10 ur ali pri visoki temperaturi 4-6 ur, dokler se prsi ne zmehčajo in se okusi ne zlijejo.
d) Ko je kuhano, poskusite in po potrebi prilagodite začimbe.
e) Brisket čili postrezite v skledah in prelijte z želenimi prelivi.

79. Crockpot prsi

SESTAVINE:

- 4 funte govejih prsi
- 3 žlice moke
- Sol in poper

NAVODILA:

a) Kuhajte na nizki temperaturi 6 ur pri 250 stopinjah.
b) Zmešajte sok, moko, sol in poper, da naredite omako, in omako pokapajte po prsih.

80. Prsi v počasnem kuhanju z omako iz rdečega vina

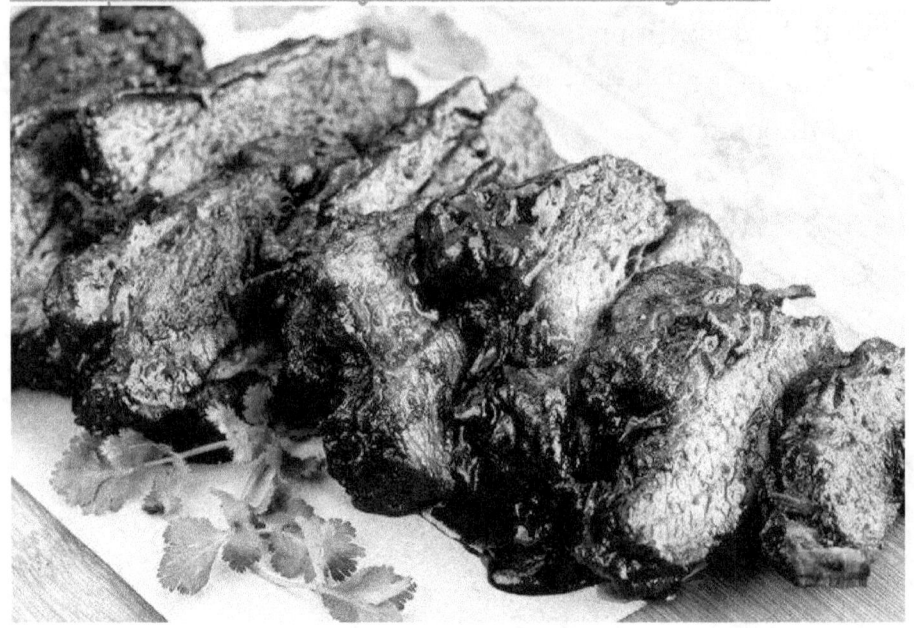

SESTAVINE:
3-4 kilograme govejih prsi
1 čebula, narezana
4 stroki česna, sesekljani
1 skodelica rdečega vina
1 skodelica goveje juhe
2 žlici paradižnikove paste
2 žlici rjavega sladkorja
1 žlica dijonske gorčice
Sol in poper po okusu

NAVODILA:
Prsi začinimo s soljo in poprom.
V počasen kuhalnik položite narezano čebulo in sesekljan česen.
Začinjene prsi položimo na čebulo in česen.
V posodi zmešajte rdeče vino, govejo juho, paradižnikovo pasto, rjavi sladkor in dijonsko gorčico ter prelijte čez prsi.
Počasni štedilnik pokrijte in kuhajte pri nizki temperaturi 8-10 ur ali pri visoki temperaturi 4-6 ur, dokler se prsi ne zmehčajo.
Ko so prsi pečene, jih odstranite iz počasnega kuhalnika in pustite nekaj minut počivati.
Tekočino za kuhanje precedimo v ponev in dušimo na zmernem ognju, dokler se ne zreducira in zgosti do želene gostote.
Prsi narežite na rezine in postrezite z omako iz rdečega vina.

SOUS VIDE BRISKET

31. Sous Vide Corned Beef

SESTAVINE:

- 1 (5-kilogramski) goveji prsi
- 1 skodelica temnega piva
- 1 skodelica goveje juhe
- 2 žlici začimb za vlaganje
- 1 čebula, narezana
- 1 glava zelja (po želji)

NAVODILA:

a) Nastavite svojo Anova na 135F/57,2C.
b) Prsi natrite z začimbami za vlaganje in jih položite v vakuumsko zaprto vrečko s pivom, govejo osnovo in čebulo.
c) Vrečko zaprite in potopite v vodno kopel za 48 ur.
d) Odstranite iz vodne kopeli in narežite na rezine.
e) Bonus: Če želite soljeno govedino pospremiti z dušenim zeljem, vzemite prsi iz vrečke in jih nadomestite z narezanim zeljem.
f) Zmešajte s tekočino za kuhanje in uporabite Foodsaver, da ponovno zaprete vrečko. Potopite v vodno kopel za 30 minut in postrezite.

2. Goveji prsi na žaru Sous Vide

SESTAVINE:

- 1 (5-kilogramski) goveji prsi
- 4 žlice mlete kumine
- 2 žlici dimljene paprike
- 2 žlici suhe gorčice
- 3 žlice temno rjavega sladkorja
- 2 žlici mletega rožmarina
- 1 žlica kajenskega popra
- 3 žlice soli
- 1 skodelica vaše najljubše omake za žar
- 2 žlički tekočega dima

NAVODILA:

a) Nastavite svojo Anova na 137F/58,3C.
b) V skledi zmešajte kumino, papriko, gorčico, sladkor, rožmarin, poper in sol.
c) Z začimbno mešanico natrite prsi in postavite v hladilnik za eno uro.
d) Prsi vzamemo iz hladilnika in obilno premažemo s polovico omake za žar.
e) Prsi postavite v vakuumsko zaprto vrečko in potopite v vodno kopel za 24 do 48 ur.
f) Ko je prsa skoraj končana, segrejte pečico na 450 F.
g) Prsi vzamemo iz vodne kopeli, premažemo s preostalo žar omako in pečemo v pečici 10 minut.
h) Prsi narežite na tanke rezine in postrezite.

33. Sous Vide Pulled Beef

SESTAVINE:
- 2 funta govejih prsi
- 4 vejice timijana
- 1 žlica olivnega olja
- 2 stroka česna, strta
- 1 lovorjev list
- 1 rumena čebula, sesekljana
- 1 velik ancho čili, brez semen in razrezan
- 1 žlica paradižnikove paste
- 1 žlica soli
- 1/4 skodelice vaše najljubše omake za žar
- 4 Kajzerjeve žemljice ali žemljice za hamburger

NAVODILA:
a) Nastavite Anova na 185F/85C.
b) V veliki litoželezni ponvi segrejte olje na srednje močnem ognju in popečete prsi z vseh strani.
c) V vakuumsko zaprti vrečki zmešajte govedino, timijan, česen, lovorjev list, čebulo, čili, paradižnikovo pasto in sol. Zaprite in potopite v vodno kopel za 24 ur.
d) Odstranite vrečko iz vodne kopeli in odstranite govedino iz vrečke, vse ostale sestavine pa zavrzite.
e) Goveje meso položite v veliko skledo in razrežite z vilicami.
f) Postrezite na zvitkih z izdatno žlico omake za žar.

4. Sous Vide prekajeni prsi

SESTAVINE:
4-5 funtov govejih prsi
Sol in poper po okusu
Vaše najljubše suho namakanje
Lesni sekanci za prekajevanje (kot je hikori ali mesquite)

NAVODILA:
Predgrejte vodno kopel ali potopno črpalko sous vide na 155 °F (68 °C).
Prsi začinite s soljo, poprom in svojim najljubšim suhim naribanim mesom, da zagotovite, da so enakomerno prevlečeni.
Začinjene prsi položite v vakuumsko zaprto vrečko ali trdno plastično vrečko, ki jo je mogoče zapreti.
Vrečko zaprite z vakuumskim tesnilom ali metodo izpodrivanja vode.
Vrečko potopite v segreto vodno kopel in kuhajte 24 do 48 ur.
Ko je čas kuhanja potekel, odstranite vrečko iz vodne kopeli in pustite prsi počivati nekaj minut.
Predgrejte kadilnico na 225 °F (110 °C) in jo pripravite na posredno segrevanje.
Prsi vzamemo iz vrečke in jih osušimo s papirnatimi brisačkami.
Prsi damo v kadilnico in dimimo 2 do 3 ure ter dodamo sekance za okus dima.
Prsi odstranite iz kadilnice in pustite počivati vsaj 30 minut.
Prsi narežite na rezine in postrezite.

5. Sous Vide pečeni prsi z rdečim vinom

SESTAVINE:
4-5 funtov govejih prsi
Sol in poper po okusu
2 skodelici rdečega vina
1 skodelica goveje juhe
2 čebuli, narezani
4 stroki česna, sesekljani
2 korenčka, sesekljana
2 stebli zelene, sesekljani
2 vejici svežega rožmarina
2 vejici svežega timijana

NAVODILA:
Predgrejte vodno kopel ali potopno črpalko sous vide na 155 °F (68 °C).
Prsi začinimo s soljo in poprom.
Začinjene prsi položite v vakuumsko zaprto vrečko ali trdno plastično vrečko, ki jo je mogoče zapreti.
V ločeni skledi zmešajte rdeče vino, govejo juho, narezano čebulo, sesekljan česen, sesekljano korenje, sesekljano zeleno, rožmarin in timijan.
Mešanico rdečega vina vlijemo v vrečko s prsi.
Vrečko zaprite z vakuumskim tesnilom ali metodo izpodrivanja vode.
Vrečko potopite v segreto vodno kopel in kuhajte 24 do 48 ur.
Ko je čas kuhanja potekel, odstranite vrečko iz vodne kopeli in pustite prsi počivati nekaj minut.
Odstranite prsi iz vrečke in prihranite tekočino za kuhanje.

Predgrejte veliko ponev ali nizozemsko pečico na srednje visoki vročini.
Prsi opečemo z vseh strani, dokler ne porjavijo.
Precedite tekočino pri kuhanju in zavrzite trdne ostanke.
Precejeno tekočino dodajte v ponev ali nizozemsko pečico s pečenimi prsi.
Zmanjšajte ogenj na nizko, pokrijte in pustite vreti 1 do 2 uri, dokler se prsi ne zmehčajo in se omaka zgosti.
Prsi narežite na rezine in postrezite z omako za dušenje.

86. Sous Vide prsi v azijskem stilu

SESTAVINE:

4-5 funtov govejih prsi
Sol in poper po okusu
1/2 skodelice sojine omake
1/4 skodelice hoisin omake
2 žlici medu
2 žlici riževega kisa
2 stroka česna, nasekljana
1 žlica naribanega ingverja

NAVODILA:

Predgrejte vodno kopel ali potopno črpalko sous vide na 155 °F (68 °C).
Prsi začinimo s soljo in poprom.
V skledi zmešajte sojino omako, hoisin omako, med, rižev kis, mlet česen in nariban ingver.
Začinjene prsi položite v vakuumsko zaprto vrečko ali trdno plastično vrečko, ki jo je mogoče zapreti.
Omako na azijski način vlijemo v vrečko s prsi.
Vrečko zaprite z vakuumskim tesnilom ali metodo izpodrivanja vode.
Vrečko potopite v segreto vodno kopel in kuhajte 24 do 48 ur.
Ko je čas kuhanja potekel, odstranite vrečko iz vodne kopeli in pustite prsi počivati nekaj minut.
Predgrejte svoj žar ali brojlerja na visoko temperaturo.
Prsi vzamemo iz vrečke in jih osušimo s papirnatimi brisačkami.
Prsi pečemo na žaru ali pečemo nekaj minut na vsaki strani, dokler se ne naredi lepa skorjica.
Prsi narežite na rezine in postrezite.

NIZOZEMSKA PEKAČKA

37. Prsi z žara v nizozemski pečici

SESTAVINE:
- 3 skodelice jabolčnega moštnika
- ¼ skodelice medu
- 2 žlici dijonske gorčice
- ¼ skodelice sojine omake
- 2 žlici rjavega sladkorja, pakirano
- 1 žlica mletega česna
- 1 žlica mlete korenine svežega ingverja
- 1 žlica celega koriandra
- 2 vejici svežega timijana
- 1 goveji prsi (2½ funta)
- 1 skodelica belega vina (neobvezno)

NAVODILA:
a) Zmešajte belo vino, jabolčnik, med, gorčico, sojino omako, rjavi sladkor, česen, ingverjevo korenino, koriander in timijan v nizozemski pečici.
b) Dodajte prsi. Tesno pokrijte in postavite v pečico. Pečico segrejte na 350 stopinj F in pecite 1 uro.
c) Odstranite prsi iz tekočine za kuhanje, pokrijte in postavite na stran.
d) Prenesite tekočino v srednjo ponev in kuhajte na zmernem ognju, dokler ne postane gladka in dovolj gosta
e) za oblaganje hrbtne strani žlice. Z uporabo pokritega žara prižgite približno 12 briketov oglja in dodajte majhen košček meskita ali drugega lesa. Oglje in les postavite na eno stran žara.
f) Prsi razporedimo po žaru tako, da niso direktno nad gorečimi drvmi, jih premažemo z glazuro.

g) Pokrijte na žar in dimite prsi 1 uro, meso obrnite in premažite z glazuro vsakih 15 minut. Dodajte oglje ali les, kos za kosom, če se ogenj zdi prehladen.

h) Odstranite z žara, meso narežite na tanke rezine in postrezite.

i) Preostalo glazuro ponudite ob strani.

88. Makaroni in goveji prsi v nizozemski pečici

SESTAVINE:
- 2½ do 3 funte govejih prsi
- 1 paket makaronov po 12 unč
- vode (vodi lahko dodate paradižnikov sok ali govejo osnovo, če želite)

NAVODILA:
a) Nizozemsko pečico postavite neposredno na oglje in dodajte malo olja ali masti.
b) Dodamo prsi in jih na obeh straneh dobro zapečemo. Dolijemo vodo, da so prsi skoraj prekrite.
c) Pečico pokrijte in na pokrov pečice položite oglje in kuhajte, dokler se meso ne zmehča, približno dve uri.
d) Meso odstranite iz sokov za kuhanje in zavijte v folijo, da ostane toplo.
e) Dodajte makarone soku za kuhanje in postavite pečico neposredno na vroče oglje.
f) Kuhajte brez pokrova, dokler se testenine ne zmehčajo, približno 20 minut.

89. Dimljeni prsi iz nizozemske pečice

SESTAVINE:
4-5 funtov govejih prsi
Sol in poper po okusu
Vaše najljubše suho namakanje
Lesni sekanci za prekajevanje (kot je hikori ali mesquite)

NAVODILA:
Pečico segrejte na 225 °F (110 °C).
Prsi začinite s soljo, poprom in svojim najljubšim suhim naribanim mesom, da zagotovite, da so enakomerno prevlečeni.
Na štedilniku segrejte nizozemsko pečico na srednje visoki temperaturi.
Prsi postavite v nizozemsko pečico in jih popečete z vseh strani, dokler ne porjavijo.
Odstranite prsi iz nizozemske pečice in jih postavite na stran.
Dno nizozemske pečice obložite z aluminijasto folijo in nanjo položite pest lesnih sekancev.
Prsi vrnite v nizozemsko pečico z mastno stranjo navzgor.
Nizozemsko pečico pokrijemo s pokrovom in jo prestavimo v predhodno segreto pečico.
Prsi dimite v nizozemski pečici približno 6 do 8 ur ali dokler notranja temperatura ne doseže približno 195 °F (90 °C) do 203 °F (95 °C) in so prsi mehke.
Dutch oven vzamemo iz pečice in pustimo prsi počivati nekaj minut.
Prsi narežite na rezine in postrezite.

90. Nizozemski prsi iz pečice z gobovo omako

SESTAVINE:

4-5 funtov govejih prsi
Sol in poper po okusu
2 žlici rastlinskega olja
2 čebuli, narezani
8 unč gob, narezanih
4 stroki česna, sesekljani
2 skodelici goveje juhe
1 skodelica rdečega vina (neobvezno)
2 žlici večnamenske moke
Sveža zelišča, kot sta rožmarin in timijan

NAVODILA:

Pečico segrejte na 325 °F (165 °C).
Prsi začinimo s soljo in poprom.
V nizozemski pečici segrejte rastlinsko olje na srednje močnem ognju.
Prsi v nizozemski pečici popečemo z vseh strani.Prsi vzamemo iz nizozemske pečice in jih postavimo na stran.
V isto nizozemsko pečico dodajte narezano čebulo, narezane gobe in sesekljan česen.Kuhajte dokler se ne zmehča in rahlo porjavi.
Po zelenjavi potresemo moko in premešamo, da se prekrije.
Deglazirajte nizozemsko pečico z govejo juho in rdečim vinom (če uporabljate), pri čemer postrgajte vse porjavele koščke z dna.
Prsi vrnite v nizozemsko pečico in dodajte sveža zelišča.
Nizozemsko pečico pokrijemo s pokrovom in jo prestavimo v predhodno segreto pečico.
Prsi dušite približno 3 do 4 ure ali dokler niso mehke in jih zlahka raztrgate z vilicami.

Dutch oven vzamemo iz pečice in pustimo prsi počivati nekaj minut.
Prsi narežite na rezine in postrezite z gobovo omako.

91.Čili iz nizozemske pećice

SESTAVINE:

4-5 funtov govejih prsi, narezanih na kocke
Sol in poper po okusu
2 žlici rastlinskega olja
1 čebula, narezana na kocke
2 papriki, narezani na kocke
4 stroki česna, sesekljani
2 pločevinki (po 14 unč) narezanega paradižnika
2 pločevinki (po 15 unč) fižola v zrnju, odcejen in opran
2 žlici čilija v prahu
1 žlica mlete kumine
1 čajna žlička paprike
1/2 čajne žličke kajenskega popra (neobvezno)
1 skodelica goveje juhe
Svež cilantro, sesekljan (za okras)

NAVODILA:

Pečico segrejte na 325 °F (165 °C).
Prsne kocke začinimo s soljo in poprom.
V nizozemski pečici segrejte rastlinsko olje na srednje močnem ognju.
Porjavite kocke prsi v nizozemski pečici. Prsi odstranite iz nizozemske pečice in jih postavite na stran.
V isto nizozemsko pečico dodamo na kocke narezano čebulo, na kocke narezano papriko in sesekljan česen ter kuhamo, dokler se ne zmehča.
V nizozemsko pečico dodajte narezan paradižnik, fižol v zrnju, čili v prahu, mleto kumino, papriko, kajenski poper (če uporabljate) in govejo juho.
Prsi vrnite v nizozemsko pečico in premešajte, da jih prekrijete z mešanico čilija.

Nizozemsko pečico pokrijemo s pokrovom in jo prestavimo v predhodno segreto pečico.
Čili kuhajte približno 2 do 3 ure oziroma dokler se prsi ne zmehčajo in se okusi ne stopijo skupaj.
Dutch oven vzamemo iz pečice in pustimo čili počivati nekaj minut.
Brisket čili postrezite vroč, okrašen s svežim cilantrom.

92. Enolončnica iz nizozemske pečice

SESTAVINE:

- 4-5 funtov govejih prsi, narezanih na kocke
- Sol in poper po okusu
- 2 žlici rastlinskega olja
- 2 čebuli, narezani na kocke
- 4 stroki česna, sesekljani
- 4 korenje, narezano
- 4 stebla zelene, sesekljana
- 2 krompirja, olupljena in narezana na kocke
- 2 skodelici goveje juhe
- 1 skodelica rdečega vina (neobvezno)
- 2 žlici paradižnikove paste
- 2 žlici Worcestershire omake
- Sveža zelišča, kot sta rožmarin in timijan

NAVODILA:

a) Pečico segrejte na 325 °F (165 °C).
b) Prsne kocke začinimo s soljo in poprom.
c) V nizozemski pečici segrejte rastlinsko olje na srednje močnem ognju.
d) Porjavite kocke prsi v nizozemski pečici. Prsi odstranite iz nizozemske pečice in jih postavite na stran.
e) V isti nizozemski pečici dodajte na kocke narezano čebulo, sesekljan česen, sesekljano korenje, sesekljano zeleno in na kocke narezan krompir. Kuhajte, dokler se ne zmehča.
f) Prsi vrnite v nizozemsko pečico.
g) V ločeni skledi zmešajte govejo juho, rdeče vino (če uporabljate), paradižnikovo pasto in worcestershire omako. Mešanico prelijte čez prsi in zelenjavo v nizozemski pečici.

h) Dodajte sveža zelišča v nizozemsko pečico.
i) Nizozemsko pečico pokrijemo s pokrovom in jo prestavimo v predhodno segreto pečico.
j) Enolončnico kuhajte približno 2 do 3 ure oziroma dokler se prsi ne zmehčajo in se okusi ne stopijo.
k) Odstranite nizozemsko pečico iz pečice in pustite enolončnico počivati nekaj minut.
l) Enolončnico postrezite vročo.

3. Nizozemski prsi iz pečice in krompir

SESTAVINE:
4-5 funtov govejih prsi
Sol in poper po okusu
2 žlici rastlinskega olja
2 čebuli, narezani
4 stroki česna, sesekljani
2 funta krompirja, olupljenega in narezanega na koščke
2 skodelici goveje juhe
Sveža zelišča, kot sta rožmarin in timijan

NAVODILA:
Pečico segrejte na 325 °F (165 °C).
Prsi začinimo s soljo in poprom.
V nizozemski pečici segrejte rastlinsko olje na srednje močnem ognju.
Prsi v nizozemski pečici popečemo z vseh strani. Prsi vzamemo iz nizozemske pečice in jih postavimo na stran.
V isto nizozemsko pečico dodajte narezano čebulo in sesekljan česen ter kuhajte, dokler se ne zmehča in rahlo porjavi.
Prsi vrnite v nizozemsko pečico in dodajte koščke krompirja.
Prsi in krompir v nizozemski pečici prelijte z govejo juho.
Dodajte sveža zelišča v nizozemsko pečico.
Nizozemsko pečico pokrijemo s pokrovom in jo prestavimo v predhodno segreto pečico.
Prsi in krompir dušite približno 3 do 4 ure ali dokler se prsi ne zmehčajo in zlahka raztrgajo z vilicami, krompir pa je kuhan.
Dutch oven vzamemo iz pečice in pustimo prsi in krompir počivati nekaj minut.

Prsi narežite na rezine in postrezite s krompirjem in tekočino za kuhanje.

ZAČIMBE

94. Domače kumarice

SESTAVINE:
- 2 kilograma vloženih kumar
- 1 skodelica belega kisa
- 1 skodelica vode
- 1/4 skodelice granuliranega sladkorja
- 2 žlici košer soli
- 2 stroka česna, strta
- 1 žlica semen kopra
- 1 čajna žlička črnega popra v zrnu
- 1/2 čajne žličke gorčičnih semen
- Vejice svežega kopra (neobvezno)

NAVODILA:
a) Kumare temeljito operemo in narežemo na kolobarje ali rezine.
b) V ponvi zmešajte kis, vodo, sladkor, sol, česen, semena kopra, zrna črnega popra in gorčična semena.
c) Ponev postavite na zmeren ogenj in mešanico zavrite ter mešajte, dokler se sladkor in sol ne raztopita.
d) Odstranite ponev z ognja in pustite, da se slanica ohladi približno 10 minut.
e) Narezane kumare nadevamo v čiste kozarce.
f) Kumare prelijte s slanico in pazite, da so popolnoma potopljene.
g) V kozarce po želji dodamo sveže vejice kopra.
h) Kozarce zaprite in pred uporabo postavite v hladilnik vsaj 24 ur.
i) Kumarice bodo v hladilniku zdržale več tednov.

5. Chimichurri

SESTAVINE:
1 skodelica svežih peteršiljevih listov, sesekljanih
1/4 skodelice svežih listov cilantra, sesekljanih
3 stroki česna, sesekljani
1/2 skodelice olivnega olja
2 žlici rdečega vinskega kisa
1 čajna žlička posušenega origana
1/2 čajne žličke kosmičev rdeče paprike
Sol in črni poper po okusu

NAVODILA:
V skledi zmešajte peteršilj, koriander, česen, oljčno olje, rdeči vinski kis, posušen origano, kosmiče rdeče paprike, sol in črni poper.
Dobro premešajte, da se poveže.
Pred serviranjem chimichurri pustite stati vsaj 30 minut, da se okusi prepojijo.
Morebitne ostanke shranite v nepredušni posodi v hladilniku.

6.Chipotle omaka

SESTAVINE:

2 papriki v adobo omaki
1/2 skodelice majoneze
2 žlici limetinega soka
1 strok česna, sesekljan
Sol po okusu

NAVODILA:

V mešalniku ali predelovalniku hrane zmešajte papriko, majonezo, limetin sok, česen in sol.
Mešajte do gladkega.
Okusite in po potrebi prilagodite začimbe.
Omako prenesite v kozarec ali nepredušno posodo in ohladite.

7. Vroča BBQ omaka

SESTAVINE:

- 1 skodelica kečapa
- 1/4 skodelice rjavega sladkorja
- 2 žlici pekoče omake po izbiri
- 2 žlici jabolčnega kisa
- 1 žlica Worcestershire omake
- 1 čajna žlička prekajene paprike
- 1/2 čajne žličke česna v prahu
- 1/2 čajne žličke čebule v prahu
- 1/4 čajne žličke kajenskega popra (neobvezno za dodatno toploto)

NAVODILA:

V ponvi združite vse sestavine in jih dobro premešajte.
Omako med občasnim mešanjem segrevajte na srednjem ognju, dokler ne zavre.
Ogenj zmanjšamo na nizko in pustimo omako vreti približno 10 minut, da se okusi prepojijo.
Odstavite z ognja in pustite, da se omaka ohladi.
Omako prenesite v kozarec ali nepredušno posodo in ohladite.

3.Pekoča česnova omaka

SESTAVINE:

8 strokov česna, mletega
1/4 skodelice olivnega olja
2 žlici pekoče omake po izbiri
1 žlica limoninega soka
1/2 čajne žličke soli

NAVODILA:

V manjši kozici na srednjem ognju segrejte olivno olje.
Dodamo sesekljan česen in pražimo 2-3 minute, da zadiši in rahlo zlate barve.
Odstavite z ognja in pustite, da se česen nekoliko ohladi.
V skledi zmešajte popražen česen, pekočo omako, limonin sok in sol.
Dobro premešajte, da se poveže.
Omako prenesite v kozarec ali nepredušno posodo in ohladite.

9. Pekoča Georgia BBQ omaka

SESTAVINE:
1 skodelica kečapa
1/4 skodelice jabolčnega kisa
2 žlici melase
2 žlici pekoče omake po izbiri
1 žlica dijonske gorčice
1 žlica Worcestershire omake
1 čajna žlička prekajene paprike
1/2 čajne žličke česna v prahu
1/2 čajne žličke čebule v prahu
1/4 čajne žličke kajenskega popra (neobvezno za dodatno toploto)

NAVODILA:
V ponvi združite vse sestavine in jih dobro premešajte.
Omako med občasnim mešanjem segrevajte na srednjem ognju, dokler ne zavre.
Ogenj zmanjšamo na nizko in pustimo omako vreti približno 10 minut, da se okusi prepojijo.
Odstavite z ognja in pustite, da se omaka ohladi.
Omako prenesite v kozarec ali nepredušno posodo in ohladite.

10. Dimljena vroča omaka Sriracha

SESTAVINE:

1 skodelica rdeče čili paprike (brez semen in narezana)
4 stroki česna (mleti)
1/4 skodelice destiliranega kisa
2 žlici dimljene paprike
1 žlica sladkorja
1 žlica soli

NAVODILA:

Čili papriko, česen, kis, dimljeno papriko, sladkor in sol zmešajte v kuhinjskem robotu do gladkega.
Mešanico vlijemo v ponev in med občasnim mešanjem dušimo 15-20 minut na majhnem ognju.
Pustite, da se omaka popolnoma ohladi, nato pa jo preložite v kozarec ali steklenico in shranite v hladilniku.

ZAKLJUČEK

Prišli smo do konca »KUHARKE JEDI IZ BRIZKETOV«. Upamo, da vas je ta kuharska knjiga navdihnila, da raziščete čudesa prsičkov in odkrijete nove načine uživanja v tem ljubljenem kosu mesa. Od prvega grižljaja do zadnjega smo delili recepte, ki slavijo bogate okuse in teksture, ki jih nudijo prsi.

Ne pozabite, kuhanje prsi je umetnost, ki zahteva potrpljenje, prakso in ljubezen do dobre hrane. Ne glede na to, ali gostite žar na dvorišču, praznično srečanje ali preprosto pripravljate tolažilni obrok zase, bodo ti recepti vedno vaš vodnik pri ustvarjanju izjemnih jedi iz prsi.

Ko nadaljujete svoje kulinarične dogodivščine, se ne bojte eksperimentirati in tem receptom dodajte svojo osebno noto. Naj vaša ustvarjalnost zasije in naj bo vsaka jed edinstvena. Z vsako dimljeno aromo in grižljajem, ki se stopi v ustih, uživajte v veselju, ki izhaja iz delitve odlične hrane z najdražjimi.

Hvala, ker ste se nam pridružili na tem okusnem potovanju. Naj bodo vaše prsi vedno mehke, vaši okusi vedno drzni in vaše brbončice za vedno potešene. Veselo kuhanje!

www.ingramcontent.com/pod-product-compliance
Lightning Source LLC
Chambersburg PA
CBHW071323110526
44591CB00010B/1004